新 潮 文 庫

読 む 餃 子

パラダイス山元 著

新 潮 社 版

10058

目次

読む餃子

はじめに

申し訳餃子いませんが、本書は「餃」の字が多過ぎます。
日本で一番「餃」の字が多い本です。
活版印刷の時代だったら、文庫化はムリだったと思います。
溢《あふ》れんばかりの愛情を皮で包み込んだカリッとよく焼きの餃子は、
少子高齢化の日本に歯止めをかける切り札です。
「食べて」「交わる」と「子ども」ができます。
読了後、すぐに餃子をつくって、交わってみて下さい。

フライパンの章

エア餃子対決　六十八番勝負

餃子《ぎょうざ》には入れていいものと悪いものがあります。絶対に入れてはいけないもの。それは、中国製冷凍餃子の事件でおわかりと思いますので、ここでは割愛いたします。絶対に入れなければならないものと言うと、肉とか野菜とかになりますが、具も何にも入っていない「エア餃子」も実はアリです。

具材の餡《あん》を入れながら包むのは難しくないと言うか、あたりまえのことなのですが、具を入れずにヒダをつくりながら空気だけを皮で包んでいくというのには、それなりにテクニックを要します。以前どこのメーカーの皮が一番美味《おい》しいかということを研究していた際、具材を同条件に、様々な市販の餃子の皮で包み、同じフライパン、同じ火加減で焼いて食べ比べていたのですが、さすがに何十種類もの市販の皮全《すべ》てに餡を包んでとなると、すぐにお腹《なか》がいっぱいになってしまいます。中の餡と皮のコンビネーションこそ評価の対象と思っていたのですが、とりあえず皮だけ焼いて食べ比べてみようという安易な発想から、具を一切包まない皮だけの餃子をつくり始めたのです。

ところが、これが意外にも美味しい。プレーンピザと言うか、生地だけの美味しさが逆に際立《きわだ》ちます。ゴマ油と小麦粉だけのハーモニー。見た目のカタチは餃子そのものなのに、中は空気のみ。キャベツや白菜だけで肉のかけらも入っていない貧乏ったらしい餃子よりかえって潔《いさぎよ》ささえ感じてしまいます。

餃子の皮メーカーというのは、地域に根ざした中小の製麺所《せいめんじょ》が中心だったのですが、ここへきて大手の食品メーカーの参入が相次いでいます。これまで口にした市販の皮六十八種類の「エア餃子」対決で頂点を極めたのは、焼肉のタレで有名なモランボンから発売されている「もち粉入り餃子の皮」（二十枚入）。弾力のある食感、焦《こ》げ目の綺麗《きれい》さ、適度に伸びる包みやすさと、餃子を研究しつくしてつくられている皮だと思います。

中に餡があってこその餃子だと私は思いますが、元ＡＫＢ48の板野友美さんは「食欲が半端《はんぱ》ない」時に「餃子、具なしの皮だけ焼いて食べるのが大好きなんだな（笑）」とブログで告白しています。中に餡があってこその餃子だと思いますが、彼女も小麦粉本来のうまさに気がついてしまったようで餃子います。

おかひじき餃子

最近の景気状況を反映してか、スーパーへ買い物に行っても正価で買うことが減ってきました。「お買い得品」などと書かれたシールが貼《は》られたくらいでは、たいして安いとも感じなくなってしまいました。目の前で、店員が「10パーセントオフ」のバーコードシールを貼っていても、客はほとんど興味を示しません。「30パーセントオフ」、さらに「半額」シールが貼られるまで、店内をもうひと回りしてこようという感じのみなさん。「半額シール」を貼っている店員のところに、別の棚から持ってきた商品を持って現れ「これにも貼って〜」とねだるおばさん。あつかましいにも保土ケ谷《ほどがや》バイパスです。

地元のスーパーヒフミヤは、いつでもお豆腐三丁九十八円、納豆四パック六十八円、ブルガリアヨーグルト百二十八円の激安スーパー。百坪程度の、スーパーとしては決して広くはない店内に、いつも客が溢《あふ》れかえっていました。肉、野菜、冷凍食品と何もかも一カ所で揃《そろ》う、パラダイス家の冷蔵庫でもあったこの店は、閉店一時間前になると、棚からほとんど商品がなくなってしまうほどの売れ行きでした。

のちに、餃界の歴史に刻まれる餃子の誕生は、その野菜コーナーで起こりました。二〇〇三年十月、天皇家の親族「有栖川《ありすがわ》」を名乗り、結婚披露宴を催し、祝儀《しゅうぎ》などをだまし取っていた犯人が詐欺《さぎ》容疑で逮捕されました。まったく不敬な奴がいるものだと、朝ご飯を食べながらワイドショーを見ていたら、その披露宴には石田純一とエスパー伊東が招待され出席していたというではありませんか。さすがは、一流芸能人。

番組のレポーターが、エスパー伊東を直撃取材したVTRでは、披露宴に関してのインタビューの前に、ボストンバッグからの脱出芸を披露するサービスぶり。床に無造作に置かれた決して大きくないバッグの中から、自分でジッパーを開け、ただ出てくるだけなのですが、修練を積み重ねないとできない年季の入った芸に見入ってしまいました。最初、隙間《すきま》から右手だけがにゅるにゅるっと伸びて出てきます。よせばいいのにカメラは、その脇毛《わきげ》部分を執拗《しつよう》にクローズアップしていました。その日一日、このシーンだけで、アタマの中のハードディスクがいっぱいになってしまいました。

エスパー伊東の脇毛が脳内にこびりついて離れないので、気分転換のつもりでスーパーヒフミヤへ買い物に行くことにしました。そういう時に限って、起きてはならないことが連鎖してしまうものです。

野菜コーナーで、キャベツ、長ネギ、ニラと、メモ紙を見ながらひととおりカゴに入れていった先に、食用菊、大葉などと並んで、見慣れないパックを見つけました。余談ですが、最近は、メモを持っていっても、買い忘れがあるから困ってしまいます。

「山形産　おかひじき」

なんだか、もじゃもじゃしていて、まるでさっきのアレみたいじゃないか。刷り込みはやはり強烈過ぎました。もう見るもの全てが、エスパー伊東の脇毛にしか見えません。パックには、「おひたし、酢の物、和《あ》え物に」とありますが、味の想像ができません。しょっぱいのか甘いのか、それとも苦いのか。キャベツの大玉がひと玉百五十八円なのに対し、この小さなパックにこれっぽっちで百九十八円というのも、ヒフミヤにしては高過ぎると思いました。でも、一度興味を抱いてしまったら、頭から離れず、このまま引きずるのもなんなので、本当にしょうがなく、カゴに入れることにしました。

調べてみると、海岸の砂地に自生する一年草で、葉の形が海草のヒジキに似ていることからおかひじきと呼ばれるようになったとのこと。山形では昔から、自生したものを食べていたそうですが、最近になってハウス栽培されるようになり、年中食卓に上ることになったということです。生では少しアクがあるので、さっと熱湯でゆがいておひたし、酢の物、和え物にとありましたので、言われたとおり調理したら、かさが半分以下になってしまいました。一パックで、一人分にしかなりません。

茎、葉とも細いわりに、歯応《はごた》えがしっかりしていて、シャキシャキした食感です。これをおひたしにするなんて、贅沢《ぜいたく》過ぎます。もったいなさ過ぎです。結局、買ってきた一パックはあっという間に私のお腹の中に消えました。

このシャキシャキ感、餃子に入れてみたらいいかもと閃《ひらめ》いたのは、数日後、テレビでまた有栖川事件を取り上げていて、エスパー伊東を見かけた時でした。やっぱり、またバッグの中から登場していました。なんか餃子の中から出てきたようにも見えました。強靭《きょうじん》な骨格の維持に、何を食べているのだろう……。おかひじきには、ホウレンソウの倍以上のカルシウムと、ビタミンA、カリウム、鉄分、ビタミンCが含まれているといいます。

そうだ、餃子におかひじきだ!

いつものことながら、おかひじきの刻み方、肉とのバランス、焼き方と、徹底的にこだわってみたのですが、ものの数時間で完成してしまいました。「おかひじきは、餃子に入るために誕生した」と言っても過言ではありません。餃子との相性があまりにも良過ぎます。

餡二に対しておかひじき八。それにゴマ油を少々。

この独特の風味が餃子と激しくマッチします。茹《ゆ》でずに、水洗いしたものをそのまま刻んで使った方が、シャキシャキ感が増します。

おかひじき餃子の誕生に寄与したスーパーヒフミヤは、二〇一一年何の前ぶれもなく突然閉店してしまいました。跡地には、近隣の誰もがまったく望んでいなかったコンビニエンスストアが建ってしまいました。今となっては事情を知る由《よし》もないのですが、パラダイス家の食生活が一変してしまったのと、新しい餃子づくりのアイデア源のひとつが永久に閉じられてしまったのは、今となっては残念で仕方がありません。

有栖川事件がきっかけで、思わぬ展開を経て誕生したおかひじき餃子。エスパー伊東のアノ部分は、なるべく頭に思い浮かべないようにして頂きたいもので餃子います。

上海飯店

上海《シャンハイ》。実は、まだ行ったことがありませんの。そのうち仕事絡《がら》みで行くことになるでしょうと言われていた上海万博も、何だかいろいろ起こってしまって、結局よくわからないうちに終わってしまいました。私、基本的に人波、行列が大の苦手なので、万博とかそういう催しにはこれまで一度も行ったことがありません。大阪万博は子どもの頃、心底行きたいと思っていましたが、札幌在住で夢かなわず。その後の沖縄海洋博、つくば科学万博、愛知万博については、どれもまったく興味すら湧《わ》きませんでしたから、わざわざ上海万博見物のため飛行機に乗るなんてバカな真似《まね》はしませんでした。そういう需要がある期間中は、だいたいボーナスマイルキャンペーンとかもやっていませんからね。

その後も、地下鉄がオカマ掘ったり、さまざまな事件が起ったのでファンキーな街には違いないんでしょうね。しかし、日本には昔から、そんな上海よりも、もっとファンキーな上海が存在していました。

今から二十年以上前、横浜中華街をぶらぶらデートしていた時のこと。ポケットの中の持ち合わせと相談すると、表通りの有名店は、はなから無理。脇道の小さな店でも、コース料理なんか注文するとちょっとなぁ、という困窮状態。覚悟を決めて「小汚くて繁盛《はんじょう》している店に入ろう」と彼女に切り出しました。観光客相手の一見《いちげん》さんばかりの店でなく、地元の人で賑《にぎ》わっているような店こそが、ホンモノなのではないかというような熱弁を、もっともらしくふるった気がします。ボンビーなクセに、説教までする男。サイテーですねぇ。

小路の店でも、行列が絶えない店が多い香港路《ホンコンろ》。当時は関帝廟《かんていびょう》もありませんでした。有名店と言えば、旅行ガイドブックの常連、追加注文一切お断りでえらい評判が芳《かんば》しくなかったアソコや、有名タレント来店記念の写真と色紙が、ショーウインドーいっぱいに飾られているアソコなど、よくも悪くもクセのある店が軒を連ねていて、どこも賑わっていました。

入ってみることに意義がある。勘だけで店に入るという行為は、考えてみると、その日が起点になっていたかもしれません。

ショーケースの中に、ない方がかえっていいと思われるホコリまみれの五目焼きそば、パイコーメン、炒飯《チャーハン》の食品サンプル三つと、今となっては何新聞かも覚えていませんが、スマートフォン大の新聞のコラムが貼ってありました。写真も撮っていないので記憶を頼りに思い出すと、そのコラムを書いた記者は、中華街へ来るなり表通りの人波を避けながら、まっすぐこの店に向かうとのこと。ご主人と奥さん、それに息子の三人で切り盛りしているとても家庭的なお店らしい。そしてお決まりの五目焼きそばを注文。茹でた麵を油で炒《いた》め、やわらかい麵と、半分焦げ目のついた麵のバランスが絶妙なんだそうだ。大きめの貝と海老《えび》が入ったあんかけを麵に絡ませながら頂く……と、たったそれだけで、何のヒネリもなかった記事であったと思います。コラムのタイトルも、ただ「上海飯店」横浜・山下町、でした。

でも、この小さいコラムには妙な説得力がありました。とにかく五目焼きそばのことしか褒めていません。場所、店構えとデータ以外何も触れていません。それなら、五目焼きそばだけ、まずは注文してみて、美味しかったら何か他に注文すればいいんじゃない、という気にさせてしまうのです。店の中を覗《のぞ》いてみると、食事が済んで会計をしている二人連れが、ちょうど店から出てくるところでした。このタイミングを逃してはなるまいと、意を決して店に入りました。

中華街のお店と言うより、街の普通の中華屋さんという趣きの店内。カウンター六席、テーブル席四席。二階は座敷のようなのですが、よくわかりません。

当時、五目焼きそばが三百五十円。二人で同じものを頼むという関係でもなかったので、焼きそば一人前と、カウンター奥の先客が注文した牛バラご飯が美味しそうに見えたので、それを注文しました。午後五時をまわった直後で満席。ところが、二階も宴会か何かやっているようで、結構てんてこ舞いの厨房《ちゅうぼう》では、息子が、父親に向かって罵声《ばせい》を浴びせています。何かえらい店に入ってしまったな、というのがファーストインプレッション。

デカイ中華包丁を振り回しながら怒鳴り合うライブは迫力満点。そのうちホール担当の母親が間に入ったので仲裁かと思いきや、両者に向かって参戦表明。すごい事態になってしまいました。しかし、常連と思われる先客たちは、厨房内でどんなに声が昂《たかぶ》っていても特に気にするわけでもなく普通に食べています。何なんだろう、この寺内貫太郎一家の中華版みたいなのは。料理が出てくるまでがとても長く感じられました。

バトルは収束するどころか、いよいよ事件現場になるのではないかというほどに激しくなりました。ボルテージが最高潮に達した時、五目焼きそばが出来上がりました。

表の新聞コラムの記事どおり、麺もあんかけの具もバランスがよく、料理としてはとても高く評価できるものでした。続いて出てきた牛バラご飯も、中華風のスパイスが効いた柔らかい牛肉の角煮とご飯がよくマッチしていて美味しかったのです。バトルが壮絶になってきている中、とりあえず出てきたものを食べ終わったら店を出ようと彼女とアイコンタクトを取り合っていたのですが、こんなに美味しいなら、お財布と相談の上、何かもう一品と餃子くらい注文してみようかということになりました。せっかくなので、事件現場の目撃証人になってみたいな、とも。

ほとんどの客が「エビトリアワビ」「エビトリアワビ」と言うので、私たちも注文することに。カウンターからは厨房の中全てを見渡すことができます。冷蔵庫はホシザキの業務用ではなく、家庭用が二台。よく言えばオープンキッチン、そうじゃなければ目隠しのつい立てがあった方がいいかもという風情《ふぜい》。結局、エビトリアワビの炒め物は、注文がまとまって三皿同時に調理されることになりました。太い丸太の切り株のまな板の上で、エビ、鶏肉《とりにく》、野菜、アワビとカットされていきます。

中華鍋《なべ》からお皿に取り分ける際、私たちの皿が一番エビとアワビの量が多かったように見えたのですが、それは気のせいかもしれません。

エビ、アワビはごろごろ、片栗粉《かたくりこ》をまぶした鶏肉の表面に、甘辛なあんかけが絡んだ本格的な中華料理でした。あとは、注文した餃子が焼き上がるのを待つのみとなりました。ビギナーズラックと言うか、相当アタリな店に入って嬉《うれ》しくなってきました。

そして、ついに運命の餃子が目の前に登場しました。息子の不機嫌そうな顔とともに。白い小判型のお皿の上にそれぞれがばらばらに六個、というか距離を保ってランダムに並んでいました。小さ過ぎず、大き過ぎず。片面焼きで、焼き目はわりとしっかりしています。皮も中厚で、中身は密封されています。気がつかなかったのですが、もともと冷凍してあった餃子でした。

お肉と油の混ざり方が独特のようで、これまで店で食べたり、自分でつくった餃子にはなかったコクが口の中に広がりました。それがどういうものなのか、普段ならお店の方に遠慮せず聞ける私だったのですが、その日は諦《あきら》めました。何がどう飛び火してくるかわからないほど、最後の餃子を食べ終わってもまだ怒鳴り合っていたのですから。

遅れて参戦した母親が烈火の如《ごと》く二人を怒鳴りつけていた最中にもかかわらず、会計時にはほんの一瞬とてもかわいらしい笑顔に戻って「ありがとう」と。そして店を出て数歩歩いた時には、店内から再び怒鳴り声が聞こえていました。

あとで冷静に考えたら、その罵《のの》り合いも、くたびれ気味の店構えも、すべてが演出なのではないかとさえ思いました。

気取ってカッコつけた店では、決して起こりえない状況下、美味しいものを食べた場合、その後の客はどういう選択をするでしょうか。

一、二度と行かないと決める。

二、もう一度行ってみる。

三、カップヌードル。

結婚して、子どもができて、先日も関帝廟のお祭当日、家族で訪れました。現在、厨房は、息子さん一人のようです。この店は、パラダイス家の歴史と蔓餃苑《まんぎょえん》発祥の歴史を語る上で、外せないお店なので餃子います。

出番がなかなかやってこない餃子丼

昔から、牛丼《ぎゅうどん》一本で勝負をしてきた老舗《しにせ》の牛丼チェーン店でも、最近、豚丼、カレー丼、すき焼き丼、豚キムチ丼とバリエーションがないとやっていけないあたりが、日本人の味覚の多様性の弊害とも言うべき現実。天丼、うな丼、親子丼、カツ丼、鉄火丼と、おかずとライスを別々に食べるより、具にかかったタレがご飯に染《し》み込みますし、何より右手に箸《はし》、左手に丼《どんぶり》だけでてっとり早くかき込めるのが、丼人気の一番の理由でしょう。

中華丼を筆頭に、天津《テンシン》丼、チャーシュー丼、麻婆《マーボー》丼、排骨《パーコー》丼、茄子《なす》味噌《みそ》丼と、中華系の丼も広く浸透していますが、まったくお目にかかったことがないのが餃子丼。別々に食べた方が美味しいと言われればそれまでですが、あってもおかしくないとは思いませんか？　丼のご飯の上にパリパリの餃子を置くと、べちゃべちゃになってしまうとご心配の方もおりましょうが、それを言ったら天丼だって、カツ丼だって同じこと。むしろ、皮の表面がパリパリから、しっとりしてきた各々《おのおの》好みの頃合いを見計らって、餃子を箸でほぐしつつ、タレと中身の具材とライスをごちゃごちゃに混ぜながらかき込むなんて無茶苦茶美味しそうじゃないですか。タレ、醬油《しょうゆ》以外に酢、ラー油もポイントになります。ご飯に酢というのは、すし飯から脈々と続く日本人のアイデンティティーであります。ブームは落ちついてきたものの食べるラー油も、上からどっさりかけるとさらに美味しくなりそうです。

視覚的には、餃子が放射状に丼の内径にびっしりと並ぶ姿も、大ぶりの餃子が平行に五個ほど並べられた姿もアリ。また餃子を一個ずつ、ライスに対して縦に突き刺すというアッパーなレイアウトも考えられます。私が先に命名しておきましょう。「餃刺丼《ぎょうさしどん》」です。そのほか、二段重ねにした「餃子W丼」とか、ご飯に辿《たど》り着くのがちょっと難儀な「餃子トリプル丼」、さらにはご飯の中にまで餃子が仕込まれて蒸され気味になっている「餃蒸丼」など、ちょっと頭を捻《ひね》るだけで大盛り系のバリエーションも豊富。「カレー餃丼」や、「麻婆餃丼」、「餃牛丼」といったコラボメニューは、この際やったもん勝ちでしょう。餃子丼の上に生卵や、温泉卵を落とすのもアリ。こうして、頭に描き想像しているだけで、もう今すぐにでもカレー餃丼が食べたくなってきました。

お好み焼きやたこ焼きをおかずにして、ご飯をかき込む大阪の方にこそ、是非この餃子丼を広めていって頂きたいものです。炭水化物×炭水化物こそ、大阪のパワーの源と私は思っています。いきなりのヨイショで、気持ち悪がられると思いますが、餃子丼の成功は大阪にかかっている、かと。韓国、中国に、餃子丼はうちが発祥と言われる前に、迅速な行動をよろしくお願い申し揚げ餃子います。って、揚げ餃子をライスの上にびっしりというのも魅力的ですねぇ。醤油じゃなくて、ウスターソースとかも合いそうではないですか。串《くし》カツ屋のランチメニューでもいけそう。なぜ餃子だけが丼ものにならないんだ！　と嘆き綴《つづ》ったこの項が、パンドラの箱を開ける原動力となり、長く餃界（餃子業界）で語り継がれることになろうとは。中小の食堂、大手の餃子チェーン店では、新規の設備投資を行わずに、新メニューとして登場させることは簡単でしょう。食器も丼ひとつで済むことですし、是非ここは廉価《れんか》な設定で餃子丼をデビューさせて頂きとう餃子います。

私は、少々高くてもこれまでどおり餃子ライスを注文すると思いますが……。って、さんざん煽《あお》っておいて、なんやねん。

人を幸せにする餃子

餃子を愛する人々が集い、目で見て楽しんで、「食べる前に撮る」ことを忘れず、暴飲暴食を堪能《たんのう》する萬餃苑は、緻密《ちみつ》な設計がされているわけでもなく、最高の設備かと問われれば、築四十年のくたびれたマンションで、エントランスからして段差があり、車椅子《くるまいす》で来られる方にはバリアハードな店と言えます。

事務所兼厨房として、平成十三年にオープンして以来、店が開いていたのは、これまでわずか数十日。この先も、頻度は変わらないと思います。

なぜ、もっと開かないのか。なぜ、もっと餃子会員を増やさないのか。これまで多くの方から、ご指摘、ご要望を承っておりますが、自分が食べたい餃子を、自分のやれる範疇《はんちゅう》で提供させて頂いています。営業日を増やしたり、従業員を雇って規模を拡大したり、デパ地下に出店したり、フランチャイズにして全国展開したいとか、まったく考えておりません。ただ冷凍餃子にだけは、興味がありますが。「世界一美味しい餃子」などと、コンセプトを掲げているわけではありませんが、餃子づくりはもちろんのこと、あと片付け、皿洗い、掃除、その他どんな些細《ささい》なことも、その一切を他人《ひと》任せにせず、自分一人でやっていくことに十年間こだわってきました。

大卒後、一部上場企業の自動車会社勤務を経験して、仕事の進め方や人間関係のあり方を学ばせて頂きました。その後、レコード会社と契約して、好きな音楽の道にのめり込むことが出来ました。公認サンタクロースの試験を受け、北欧の完全にアウェーな環境の下、自分のポジションを見いだすべく奮闘してきました。マン盆栽を育てて展覧会を開いたり、新聞や雑誌に連載コラムを書いたり、蔓潤湯《まんじゅんとう》という入浴剤を開発してみたり、なんて支離滅裂なデブなんだと思われたって怯《ひる》みやしません。

カーデザインよりも、マンボよりも、マン盆栽よりも、公認サンタクロースよりも、ダイレクトに人から喜ばれ、口からゲップを出させ、お尻《しり》からオナラを噴出させることが出来たのが、餃子でした。「人を幸せにする餃子」などと言うと、どこかの餃子チェーンの社長室に、額装されて掲げられていそうなフレーズですが、やっていて楽しいことはそういうことなので餃子います。

『タモリ倶楽部《クラブ》』餃子新年会

本当に張り合ったのかと問われれば、闘志を燃やしまくってしまったのは事実です。『タモリ倶楽部』第九八五回「餃子・新年会 IN 蔓餃苑（ウ〜、アッ！）」収録日は、あいにくの雨でした。

番組のプロデューサーから電話が入ったのは、十日前のこと。

「パラダイスさん、年明け一番の放送なので、タモリさんに美味しい餃子を食べさせて、出演者全員で盛り上がるみたいな企画を、蔓餃苑でお願いしてもいいかしら？」

何度か出演させて頂いている鉄道ネタでもなく、マン盆栽ネタでも、特種車両ネタでも、五寸釘《くぎ》ネタでも、脚立《きゃたつ》ネタでもない、餃子ネタでお声がかかるとは、至極光栄としか言いようがありません。しかも、ロケ地は、都内の餃子屋やキッチンスタジオとかのアウェーではなく、我がホームの蔓餃苑とは。毎度おなじみ流浪《るろう》の番組とはいえ、わざわざやって来てくださるとは畏《おそ》れ多過ぎます。

「他の出演者はまだ調整中なので、改めてご連絡いたしますね。四名分の餃子の材料と、あと何か賑やかしのマンボの演奏とかもやって頂けたら助かります」

四名分の餃子の材料なんて、そんなの訳ないです。マンボの演奏なんて、もっと訳ないですから。

かくして雨の中、ロケは始まったのでした。

共演者は、なぎら健壱《けんいち》さん、YOUさん。住宅地の中を傘をさして、なぎらさんの案内で蔓餃苑に向かうという設定ですが、もちろんなぎらさんも初めての蔓餃苑。絶妙な知ったかトークが初っぱなから炸裂《さくれつ》します。

「あっ、オヤジ、今日やってる？」

蔓餃苑の中で、ヒマそうに新聞を広げている私。

「あっ、どうもどうも、いらっしゃいませ。うちは、手づくり餃子の店です。というわけで、今からみなさんには、手づくりで餃子をつくって貰《もら》いますので……」

YOUさんは、行列のできる餃子屋に実際並んでしまうほどの餃子好き。そして、なぎらさんは、調理師免許を持っているホンモノ。タモリさんがつくる餃子は、芸能界一と噂《うわさ》されています。餃子企画ならではの、ゴージャスな出演者のみなさんです。

台本では、蔓餃苑のレギュラーメニューに、少しアレンジを施した「精力ビンビン焼き餃子」と定番の「海鮮水餃子」の二品を全員でつくることになっていました。蔓餃苑の狭い厨房でタモリさん、なぎらさんが、まずは皮づくりに挑みます。

ボウルの中に小麦粉を入れ、少しずつ熱湯を加えていって、菜箸を使ってかき回します。熱がある程度冷めたら、塩とゴマ油を混ぜて、マン身の力を込め小麦粉をこねます。大理石テーブルの上に、打ち粉の強力粉をまいておいて、練った固まりを叩《たた》きつけて空気を抜きます。手持ち無沙汰《ぶさた》気味なYOUさんが、いいタイミングで、笑いを誘発するコメントを連発してきます。生地は、本来であれば、常温で三時間程度寝かします。餡が出来上がった後に、生地を棒状に延ばして、二センチほどの長さで切ったものを、ひとつずつ球状に丸めて、のし棒を使い円形に広げていきます。

餡の材料をカットする際には、みなさんそれぞれが技を見せてくれました。豚の肩ロース肉を、鮮やかな両刀使いでチョップするタモリさんに、私が「ワルツのリズムで、フォービートで」と悪ノリします。そういう茶々を挟みたくなるほど、包丁さばきは素晴らしいです。ホームなのに、ちょっとヤラレタ感が。

蔓餃苑の基本レシピより、豚バラ肉が多めなのと、ズッキーニ、モロヘイヤ、それに定番の、あの栄養ドリンクが加わります。

「これは食べたあと、思わずセックスがしたくなる餃子ですね」

「餃子って、食べて交わると子どもができるって書くんですよ」という、やりとりがあったのですが、そこは編集上つままれていましたね。

野菜はすべてフードプロセッサーで、細かくなり過ぎないようにカットします。

❖餃子の皮の材料
小麦粉（強力粉《きょうりき》）…五〇〇グラム
塩（沖縄産粗塩《あらじお》）…大さじ一杯
ゴマ油…大さじ二杯
熱湯…約三〇〇ミリリットル

❖精力ビンビン焼き餃子　餡の材料

豚肩ロース…一〇〇グラム
豚バラブロック…二〇〇グラム
ニラ…五〇グラム
セロリ…五〇グラム
キャベツ…大きめの葉一枚
ズッキーニ…五〇グラム
長ネギ…五〇グラム
乾燥しいたけ…六個
モロヘイヤ…三〇グラム
鶏がらスープ…小さじ二杯
塩…小さじ一杯
ゴマ油…大さじ一杯
黒砂糖…小さじ一杯
紹興《しょうこう》酒…大さじ一杯
栄養ドリンク〇〇キング…大さじ一杯

ひととおり刻み終わって、材料を混ぜ合わせようとしたところで、タモリさんが、

「オレの餃子もつくろうかな……」。

台本上は、私のレシピを出演者のみなさんと一緒につくって食べるということでしたが、なんとタモリさんのヤル気スイッチがオンになってしまったではありませんか。

「オレの餃子は、こんなにあれもこれも入れないんだ。もっとシンプルなんだよ」

噂には聞いていた、白樺《しらかば》派じゃなくて白菜派。果たしてどんなレシピなんでしょう。

「白菜とアレ買ってきて、アレ。アレじゃなきゃダメだからさ、オレの餃子は」

タモリさんのマネージャーが小走りで蔓餃苑をあとにします。『タモリ倶楽部』のロケは、隔週二本一日撮りです。餃子の回はその日二本目でした。一本目が若干押したのと、雨の中の撤収と移動で、気持ち押し気味で収録はスタートしております。

予定では、東京ラテンムードデラックスの歌姫、園田ルリ子の「マンボDE餃

子」の奉納演奏を聴きながら、新年の宴《うたげ》が始まるという時間に差し掛かっていました。ディレクターの山田さんの「クルマからテープ！ 追加用意しておいて！」の声。ついに夢の餃子対決・頂上決戦の幕が切って落とされました。

白菜を茹で上げるタイミング、水気を絞る手つき、てきぱきと流れるように、あまりに鮮やかに調理が進んでいきますが、台本には一切書かれていません。タモリさんのこれまで謎《なぞ》に包まれていた餃子レシピが、白日の下に晒《さら》されていくのを目《ま》のあたりにする現場スタッフ。狭い厨房内には、収録中のため音楽は止まっていましたが、タモリさんの頭の中には、マイルス・デイビスの軽快な名調子が流れているようでした。

小学生の頃、祖母から「男も今のうちから料理をするようにならないと、のちのち奥さんがいざという時に困るでしょう。私が料理をしている姿を見ていなさい」と言われ、毎日支度する姿を見ていたことが、タモリさんが料理を始めるきっかけになったと言います。父親は南満州鉄道の機関士であったとも。東京で居候《いそうろう》していた漫画家の、故・赤塚不二夫氏も満州生まれでした。

「オレの餃子は満州餃子だから」

「やっぱり、餃子にはマンが付きものですよね〜」
タモリさんは無言で、材料を混ぜ合わせていました。

❖タモリさんの満州餃子の材料（分量の詳細はわかりません）
豚肉
白菜
紹興酒
醤油
アレ（豚骨髄が入った半練り中華調味料）
ゴマ油
鶏がらスープ
塩
胡椒《こしょう》

マネージャーに買いに行かせたアレの正体は、ウェイユー。「これじゃなきゃダメなんだ、ミオウ」とつぶやいていました。

本来ならば、包むところが一番クローズアップされるべき餃子の回ですが、ここまでですでに大幅に時間押し。それまで、延々と二台のカメラは回っていたのですが、出演者全員、あまりに寡黙《かもく》に作業に熱中し過ぎていたため、ディレクターの山田さんの「カメラ、両方とも止めよう」の一言に、撮影現場はますますなごやかに。

かくして、タモリさんの渾身《こんしん》の作「満州餃子」も完成。一気に焼きに入ります。テーブルに着席して待つところに、私がジュワーッとまだ音が立っている、焼きたての餃子を運んでいきます。

美味《うま》過《す》ぎるっ！　どちらも、口に入れただけで、アゴの関節がガクン、脳内にまで広がっていく肉と野菜とアレとコレのハーモニー。

当時ブームの真っ最中だった「おさかな天国」をパクった「餃子天国」、さらにタモリさんが、ラテンパーカッションで飛び入りしたオリジナル楽曲「マンボDE餃子」を披露。この日のために、園田ルリ子が自身でミシンで縫ってつくってきた、露出度高めの特製餃子ビキニで熱唱すると、大盛り上がりの新年会に。タモリさんもご機嫌で「いい正月だねぇ」と、満面の笑み。

さらに追加で、海老と帆立が入った冬にイチオシの海鮮水餃子が登場。番組の最後は、蔓餃苑の定番デザート、モッアン餃子を頂きましたが、なぜか伏せ字で「○んこ餃子」と紹介されます。なぎらさんの、もろなツッコミに、ピーの警報音がかぶるも、YOUさんの「ちゃんと使えるようにやりましょう。テープもったいないですよ」で、また一同なごむという、実にハッピーな餃子新年会となりました。

芸能界、餃子ナンバーワン対決がこの日行われていたことは間違いないのですが、勝敗がどうのこうので終わらなかったことに『タモリ倶楽部』の美学が貫かれていたような気がしました。私としては、タモリさんが蔓餃苑で、自身のレシピの餃子をご披露して下さったことに、心底感動しました。

撮影終了時間を四時間以上もオーバー。安齋肇《あんざいはじめ》さんの空耳アワーのコーナーを除いて、本編のわずか二十数分に、いったいテープを何本回したのでしょうか。そういえば、マンボ盆栽の回でも、途中タモリさんが、マン苔《ごけ》（マンボな苔）探しに夢中になってしまい、大幅にロケ時間が押したことがありました。いつも、申し訳餃子いませんです。

❖海鮮水餃子の材料
焼き餃子の餡…八〇グラム
海老…五〇グラム
帆立…五〇グラム
ゴマ油（追加）…小さじ一杯

❖モツアン餃子の材料
モッツァレラチーズ
ゆであずき
塩
きな粉

餃妻賢母

【餃妻賢母】パパのために美味《おい》しい餃子をつくるママのこと。転じて、冷凍食品やお惣菜《そうざい》コーナーの餃子を半額で買う経済観念がしっかりしたママのこと。

『読む餃子』の原稿が遅々として進まない時、ツイッターで、餃子絡みのつぶやきをしたところ、フォロワーのみなさんから一斉にRT《リツイート》が返ってきました。しかも、この本の編集者である石黒謙吾氏から、真っ先にRTされる始末。

【餃中閑あり】『読む餃子』の締め切りに忙殺されるパラダイス山元が、ほっと一息ついてネタツイートを楽しむさま。@ishiguro_kengo

ツイッターでつぶやいている暇があるなら、早く原稿を入れてくださいよ、という切実な思いが伝わってきます。編集者、ダジャレ王としてのスキルが餃縮されたつぶやきです。と、私が、感心している場合ではありません。

しかし、いったんつぶやきだすと止まらなくなってしまうものです。何でも目についたことやアタマに浮かんだことを、咀嚼《そしゃく》もせずにすぐつぶやくような人間を、以前は軽蔑《けいべつ》していましたが、私自身もすっかりそうなってしまいました。『笑点』大喜利の構成作家にでもなったかのように、ガンガン閃いてしまいます。困ったものです。

【内助の餃】妻が『餃子のスヽメ』を見ながら一生懸命つくった餃子。

【兼餃農家】自家栽培のニラ、キャベツを使った餃子を出すレストランを経営している農家。

【餃財政改革】肉の質を一ランク落とすこと。

【烏《う》餃の衆】烏《からす》のように集まって規律もなくただ餃子を食べ散らかしていく客。

【諸餃無料】街中で配られている餃子のタダ券（全国の支店で利用可能）。

【餃越同舟】会員制餃子の店蔓餃苑の予約はお互いに協力し合うことのたとえ。

【弱肉餃食】今日は肉少なめの餃子お願いね！

【同餃他社】「餃子の王将」「大阪王将」「餃子の満洲」「みよしの」「蔓餃苑」。

【雨餃の竹の子】雨の日に餃子を食べに行ったら、いつもは入っていない竹の子が混入していること。春巻の具と混じった可能性が考えられる。

【二日餃い】「食べる前に撮る」ばかりして「食べる前に飲む」を忘れてしまった

ため、前日の餃子が消化しきれていないこと。

【東男《あずま》に餃女】東幹久《あずまみきひさ》は餃子好きの女が好き。

そんな私は、元ビックリハウサー。原稿そっちのけ、自分でもコントロールが利《き》かなくなっているのがわかります。そして、私のストレートに対する、石黒謙吾氏のジャブ、フックの餃酬（応酬）が素晴らしい。

【暗中餃索】パラダイス山元が、手がかりのないまま、いろんな餃子を試作するさま。

【餃悔先に立たず】いくらマズイ餃子でも食べる前はわからない。

【餃に入れば餃に従え】蔓餃苑に行ったら山元さんのつくるものを黙って食べましょうの意。

【犬も歩けば餃に当たる】散歩中の犬は旨《うま》い餃子屋の前で必ず立ち止まる。

またフォロワーの方からは、餃界ズレしたコピーライターの作品みたいなのを、わんさかとつぶやかれてしまいました。もったいないのでここに収録させて頂きました。

【餃弱体質】餃子を毎日食べないと身体が弱ってしまう人の体質。

【餡皮を気遣う】その日の餃子の出来具合いを、事細かに気にすること。

【産餃革命】食品製造機器や急速冷凍技術の発達による、餃子生産における手工業生産から工場制生産への変革。中国の安価な労働力を動員した餃子量産体制の確立を、第二次産餃革命と呼ぶこともある。

【餃求不満】餃子が食べたくて食べたくて仕方がないこと。

【餃里夢中】目の前の餃子に目が眩《くら》んで周りの様子が解《わか》らない様子。

【残餃】美味しい餃子を頂くための居残り仕事。

【餃夫の利】二者が争っている間に第三者が最後の一個を平らげるさま。

【餃餃発止】皿から餃子を取り上げる際、箸が激しくぶつかり合うさま。

【餃存餃栄】昔からの中華料理屋も、新装オープンしたチェーン店も、餃子を出す店はみんな流行《はや》っていること。

【論より餃子】『読む餃子』を読んだら、とにかく頭で考えず餃子をつくってみること。

【専餃主婦】スーパーで餃子の試食販売一筋のパートタイマーさん。

【餃意】不意に餃子パーリーへの誘いを受けた時の返答の仕方。

【本餃寺の変】餃子の王将の店員が寝返って大阪王将の店員になること。

【新宿餃苑】今は無き新宿御苑にあった餃子の王将。

【餃悦至極】餃子のあまりの旨さに至極喜び店主に感謝すること。

【餃子さしちがい】自分が注文した餃子が隣のテーブルへ運ばれていくこと。

【餃座】小麦の包む小宇宙に一際《ひときわ》美しく輝く星座。

【♪餡餡餡とっても大好き餃子エモン】二十二世紀ネコ型餃子包みロボットのラインが自動停止した際、工場で流れるメロディー。

【餃餃】餃子の皮を被《かぶ》った餃子の王様クンが、新種の餃子を考案した際に発する言葉。

【水餃之交】水餃子を食べるとすぐにヤリたくなること。

かくしてツイッターは、日本語ハッシュタグが可能になってからというもの、ソーシャルコミュニケーションと言うより、大喜利掲示板と化してしまったので餃子いました。

おいしゅう餃子います

試食のあと、決まって「おいしゅうございます」とおっしゃる料理記者歴何十年のベテランに、二度ほどお店で遭遇したことがあります。ちゃんとお話ししたことはありません。最初は、浜松町のトンカツ屋、次は赤坂の中華レストランでした。テレビでおなじみのその方は、マネージャーらしき女性とともに、普通にメニューを広げ、普通にオーダーをして、普通にたいらげ、普通に勘定を済ませてお店をあとにされました。二店とも領収書すら貰っていませんでした。オーダー以外、店員との口数は最小限。帰られたあとに、お店の人が「今の方は、あの有名な……さんですよね」とやっていたので、やっぱりお店とは何の関係もなかったのだと思います。

私は甚だしい誤解をしていました。雑誌の取材費、番組の制作費か何かで美味しいもの食べまくって、何が料理記者だって。何十年も続けられてまったく、いい仕事だなぁ～、と思っていました。著作を読んで、なるほどと合点がいくお店もありましたが、半面経費でも当てがわれないと、口にできなさそうな高級料理の項が続くと、妬《ねた》みさえ感じるほどでした。ご推薦の手みやげに対しても、一個五百円以上もするお饅頭《まんじゅう》なんて美味しくてあたりまえでしょうが、というひがみばかり。しかし、私がお目にかかったその二店とも、そこそこの値段のわりに美味しくも何ともない、正直立地だけのような店でした。いや、ハッキリ言ってしまうと大ハズレ。私も、行き当たりばったりで、たまたま知人と入った店でした。自分から出掛けていって、自分のお財布から出したお金で、マズイものを口にする。そうして、鍛えられていくプロの料理記者の、足と舌と胃袋というのを思い知らされたのでありました。

餃子二皿くらい注文して、いちいち領収書貰って、翌年の確定申告の際に必要経費として添付している自分はなんて卑《いや》しい愚かな人間なんだと。

私がこれまで日本国内で、餃子を食べた店は四百店余り。そのベテラン料理記者の、実直な取材姿勢を目の当たりにして以来、心を入れ替えました。一応、値段や価格の確認のためにレシートは貰いつつも、名前の入った領収書は貰わないことにしました。

ツアーの際、地元で水揚げされたイキのいい刺身を出す小料理店とかへ繰り出すバンドのメンバーらを尻目に、ガイドブックなどには頼らず、土地の人への聞き込みだけで餃子店を探します。餃子と書かれた看板を見かけると勢いで入店してしまいます。しかし、大抵はハズレだったり、引き分けだったり。そんなにポンポンとアタリの店に出くわすなんてことはありません。多くは、具材がどうとか、包み方、焼き目がどうとかいう以前に、魂がまったくこもっていない負け餃子だったりします。これまでの成績は、十三勝、四百二十七敗、二十八引き分け。「おいしゅう餃子います」と言える餃子は、そうそう簡単には見つからないものなのです。

人生下り坂に差しかかり、今から何百店も食べられないと思っていましたが、ベテラン料理記者にお会いしてから、俄然《がぜん》火がついてしまいました。

生涯現役で餃子を探求するためには、やはり健康維持は欠かせませんので、嫌いなスポーツもやらないといけないのかと思ってしまったり。別に言葉を交わしたわけでもなく、偶然お見かけしただけなのに、こうまで私を奮い立たせてくれました。比較するのは、そもそも間違いと思いますが、それに対して、私は、なんてインパクトのない、オーラも発していないオッサンなので餃子いましょうか。

高齢化社会の餃子のあり方

平均寿命の半分を過ぎたあたりから、身体のあちこちにガタが出てきました。運動嫌いと言うよりは、運動憎しと言った方があてはまるほど、無駄に身体を動かすのが苦手な私です。運動するのが嫌いというより、スポーツ観戦、スポーツ番組かもう苦痛で仕方ありません。駅のホームで堂々とスポーツ新聞読んでいるおじさんを、つい軽蔑してしまいます。「日刊ゲンダイ」「夕刊フジ」「東スポ」までがギリギリ許容範囲です。スポーツ新聞買うくらいなら「餃子の王将」で餃子食べています。スポーツするヒマがあったら餃子包んで焼いています。

石川遼くんの英会話教材のコマーシャルは見られても、ゴルフ中継とかが始まってしまうとテレビ消します。日本代表が出場しているサッカーも、延長の末ＰＫで決着するくらいなら、最初からジャンケンで勝負つければいいのにとか思ってしまいます。唯一《ゆいいつ》の例外は、国技からワールドスポーツに成長した大相撲の観戦くらいですかね。

そんな体たらくですから、このところ体力の衰えを感じずにはいられません。餃子づくりだけで健康を維持できるなどとは考えていませんが、五十歳を目前に控え、これから先、高齢化社会に向けての「餃子ビジョン」を、自分のためにも提案し、実践していかなければならない年齢と、ポジションになってきたということです。

通常、こういう話題は、できれば避けて通りたいのですが、コンビニで惣菜を買い求めている、孤独そうな老人の姿を見る機会が多くなるにつれ「これからの餃子は自分たち自身でつくり上げていく」という、ポジティブな観点に立たねばと痛切に感じてしまいます。

「五十、六十、よろこんで」家族のために餃子をつくり、七十になって、モノとか不動産に縛られることなく「餃子の技」を後世に伝承する役目を担《にな》いたい。技は、たとえ未完成の状態であっても、今のうちから世界を啓蒙《けいもう》していかないと間に合いません。その過程で、いろいろな人の理想餃（理想の餃子）と混ざり合って、さらに奥深い進化を遂げていく姿こそ、私が求める餃子像であると考えます。宇都宮駅前にあるあれのことではありません。

高齢化社会においても、総入れ歯のおばあちゃんでも安心して食べられる餃子。

具体的には、ワンタンのようなふにゃふにゃの薄皮の中に、塩分控えめの流動食に近い具材を仕込んだバリアフリーな餃子。対して、中身が肉々しくて、皮もおもいっきり「よく焼き」の歯応え《はごた》十分なバリアフルな餃子の、どちらもこれからはアリなのです。草食化する若者とは比べものにならないほど元気でイケイケなおじいちゃんも、この先いっぱい出現することでしょうし、寝たきりになってしまっても、お取り寄せグルメだったり、ケータリングで美味しいものをずっとずっと食べ続けたいと、パラマウントベッドの上から、ネットショップの注文をするおばあちゃんもわんさか増えるでしょう。

味覚のまったく異なるチャラい孫から、出所不明の冷めた餃子をおみやげに買ってこられて、無理やり「美味しいよ」と言わされるのは苦痛でしょう。個別に細かく対応した餃子づくりの基盤整備を、今から各々が自覚しなくてはならないのです。

そんな中で、過度に「老人」に特化した介護ビジネスには、警戒したいものです。一例を挙げるなら「高齢者向け宅配」です。家に居ながらにして、病院の入院患者同様の給食が毎日定時に運ばれてくるものです。そこにデリバリー業者の笑顔はあっても、まごころや温《ぬく》もりは感じられません。かつて私も注文してみました。ヒダの具合とか包み方とか、見た目はわりとよかったのですが、その宅配の餃子を口にしてみたところ、あまりのクオリティの低さに仰《の》け反《ぞ》ってしまいました。同時に、テレビで、高齢者介護のことは私に任せてくれればすべてうまくいくなどと、自信満々で偉そうに笑みを浮かべて語る経営者の顔が脳裏にちらつきました。買い物の労も調理の手間も皆無、死ぬまでずっと毎日三食これを食べ続ける人生が、「夢にまで見た老後」とでも言うのでしょうか。介護の名のもと、ただ利潤を追求するだけの企業から騙《だま》されないよう、利用されないよう、注意を心がけたいものです。自戒の念を込めて、家族の絆《きずな》は今からでも大切にしなくてはいけませんね。

香港のレストランでは、円卓に親戚《しんせき》や家族が十人以上、一堂に会して食事している光景をよく目にします。食欲みなぎる子どもたちが、あれもこれもとおかわりして大はしゃぎする横で、どんな料理が目の前に回ってきても手を付けず、水餃子と、鳩《はと》のアタマだけを、黙々としみじみ、ちゅるちゅる味わっている老夫婦の姿が印象に残っています。誕生日や敬老の日だけでも、無理やりにでも連れ出して外食に行くような習慣を続けていかないといけないので餃子います。

失敗しない焼き餃子への投資二百九十八円

「餃子が上手く焼けないんです。皮は破けちゃうし、もうすぐこびりついちゃうし」

これまで、いったい何人から同じことを相談されてきたことでしょう。餃子は、焦《こ》げ目があってなんぼだと思います。焦げ目のない餃子なんて、餃子じゃないのです。しかし、真っ黒に炭化させてしまったり、焦げついて皮がはがれなくなって、中身が崩壊してしまっているのを見るのは耐えられません。

餃子の王様でありながら、餃子のコンサルも兼任する身としては、素朴かつ単純な質問にこそしっかり答えていかねばなりません。

そこで、まずどんな餃子をどんな調理器具で焼いているのか、詳細に伺うことにします。市販の皮で手づくりした餃子なのか、スーパーで買ってきたチルド餃子、冷凍餃子なのか、餃子によって、焼き方もかなり違ってきます。冷凍餃子は冷凍庫から出したらすぐに調理を始めます。冷凍餃子がうまく焼けない一番の原因は、自己流の火加減と、計量せずに注ぐ水の量によるものです。要は、面倒くさがらずに**パッケージ裏の調理方法**をしっかりと読んで、そのとおりに実践すれば失敗はないのです。いつも買ってきている同じ商品だからといって、注意書きを読むことなく適当にフライパンの上に並べてはいないでしょうか？

冷凍餃子にいたっては、今やフライパンに油をひかずに**直接餃子を並べる**というものも開発されています。そのような餃子の場合、さらに油を引いて焼くとどうなるか。時間どおりに焼いたら、真っ黒丸焦げになってしまいます。お水、お湯の注ぎ方も冷凍食品メーカーによって大きく違っています。冷凍庫から出したら**まずは「読む」こと**。上手に焼くコツは、**まさに「読む餃子」**ということなんです。

市販の皮を使った手づくり餃子の場合、冷蔵庫から出した直後に開封してすぐに餡を包み始めてはいけません。袋のまま開封せずに**二十〜三十分放置**してから使います。そうすることにより、皮に伸びが出てきて餡が包みやすくなります。冷蔵庫から出した直後の冷たい状態より、ヒダもつくりやすくなります。

そして問題の「焼き」ですが、サラダ油ではなく、**最初からゴマ油**を使いましょう。餃子同士がくっつきにくくなります。さらには**水**ではなく、**必ず熱湯**を使います。いったん熱くなっていた鉄板、フライパンを冷ますことなく高温のままで調理することで、餃子がフライパンにくっつきにくくなるのです。この本を購入して本当にヨカッタと思える瞬間を味わってください。

実は、チルド餃子の「焼き」が最も難しいのです。蒸されたりしていてあらかじめ加熱調理済みというのもあれば、まだ焼かれていない生餃子タイプも存在します。生餃子タイプのものは、手づくり餃子と同じ要領で焼きます。細心の注意が必要とされるのは**蒸されたタイプ**のもの。皮の組成自体が柔らかくフニャフニャしていて崩れやすい状態にあります。製造の都合上、独特の形状のトレイに収まっていて、餃子を手で取り出す段階で、ヒダの部分を壊したり、皮を破ってしまう危険性をはらんでいます。焼く以前の段階で、餃子を崩壊させてはなりません。コツは、**焼き目は一面だけ**にすること。一度並べた餃子は、途中お箸《はし》でかき回したり、フライパンを振ったりしないことです。両面焼きには一番向かないのがチルド餃子です。慎重にじっくり底の面だけをしっかり焼いて、最後に再びゴマ油を**回し入れ**焼き目を付けて完成です。

これまで、餃子を焼くことに関して、三十年間にわたって様々な道具を実際に使ってきました。中華の達人が監修した、銅製の餃子専用パンは、わずか数回使っただけでこびりつくようになってしまいました。南部鉄器の餃子専用鍋は、鉄板の厚さがどう影響しているかはわからないのですが、焦げ方は実に素晴らしかったものの、こちらも一カ月も経《た》たないうちに皮がくっついて取れなくなってしまいました。「餃子専用」と商品に明記されている商品に限って餃子がくっついてしまうというのは、いかがなものでしょう。

合羽橋《かっぱばし》の道具街はもちろんのこと、業務用全自動餃子焼き機の製造工場にも行きました。そこの工場長は「毎日使って焼いているといいんだけど、何日かお店の休みが続いたりすると、きついんだよねぇ」と本音を漏らしました。

結論から言いますと、業務用でも家庭用でも、くっつくものはくっつくのです。家で餃子を焼く際にできることと言ったら「餃子専用フライパン」を購入することだけなんです。近くのホームセンターか、スーパーで、最も安い「フッ素樹脂加工」を施したフライパンを買ってきましょう。特売で二百九十八円とかで売られていたりしたら、それは買いです。長い目で見て、美味しい餃子を焼くための投資はケチらないことです。と言っても二百九十八円なら、たったの冷凍餃子一パック分です。「餃子専用」とか記されて販売されているわけではありませんので注意してください。ただのフライパンです、普通の特売になっているフッ素樹脂加工のフライパンです。

そして、買ってきたフライパンは、餃子を焼くこと以外、他の中華料理、麻婆豆《マーボー》腐とか、茄子《なす》味噌《みそ》炒《いた》めとか、とにかく炒め物には使ってはいけません。焼肉、焼きそば、お好み焼きもダメ、パスタもダメ、朝の目玉焼きも、スクランブルエッグも全部ダメです。別のフライパンでやってください。餃子以外でOKなのは、ホットケーキか、クレープだけ。

フライパンのフッ素樹脂は、結構デリケートなもの。安くても高くても、皮膜の厚さなどはさほど変わりありません。私の経験上ですが、新しいフライパンは焦げない。古いフライパンは焦げつく。しばらく使っていないフライパンというのも、焦げつきやすい。ということなのです。収納には便利かもしれませんが、取っ手が取れて便利だろうが、フランス製だろうが、二百九十八円のものとさほど変わりはありません。

家にフライパンが二つあれば、何もかもうまくいくのです。しょっちゅう焦げついたり、こびりつくようになってしまったら、新しいフライパンに買い換える。それだけなんです。餃子用フライパンは、消耗品と割り切りましょう。

フライパンが二百九十八円でも、蓋《ふた》は九百八十円とかします。ちょっと納得がいかないかもしれませんが、諦《あきら》めて直径二十六センチのフライパンに合う蓋を買ってください。その際、透明な窓が付いていて調理の状況が見えるタイプを必ず選んでください。

蓋は焦げついたりするものではありません。せいぜい、取っ手やつまみの部分のネジが緩んだりする程度です。パラダイス家では、餃子専用フライパンを一年間で五つくらい使用していますが、蓋は十年前に買ったものです。完全に減価償却済み。

当然ながら金属ヘラは厳禁です。と言いますか、最後はお皿を裏返しにして餃子の上に置いて、フライパンごとエイヤッとひっくり返すと、ヘラなど不要なんです。

あとの頁《ページ》でも触れますが、オール電化にしてしまった家のＩＨクッキングヒーターで餃子を焼くのは至難の業です。餃子を焼くには極めて不向きな加熱器具と言えましょう。ＩＨクッキングヒーターしかないお宅は、カセットガスコンロを一台購入することを強くお薦めいたします。高出力、高火力の製品とか付加価値の付いた高機能商品でなくて全然ＯＫです。量販店で、二百九十八円のフライパンを買いに行く際、九百九十八円のカセットガスのコンロも、この際ですからついでに揃《そろ》えてしまいましょう。お花見にも持っていけますよ。

ただし、マンション室内で使用する際は、火災報知器が作動しないようくれぐれもご注意を。私が出張蔓餃苑で伺った、広尾の丘にそびえ立つあるマンションで、カセットコンロの火をカチャッと点火させた瞬間、火災報知器が全館に鳴り響き、餃子どころではなくなってしまったことがありましたので。それにしても、住みにくい環境は、わざわざ人の手によってつくり出されているものだと、感心するやら呆《あき》れるやら。

カセットコンロとフッ素樹脂加工のフライパンさえあれば、世界中のどこでだって美味しい餃子が焼けるはずなのですが、コンロは持ち込めても、カセットガスボンベは飛行機に乗る際、手荷物として機内に持ち込むことも、預けることもできませんのでご注意を。現地調達に限るので餃子います。

餃子臭

「カレーは青空のもとで食べるに限る」の言を残したのは、餃子の王様の盟友、カレーの王様の名をほしいままにしている「東京カリ～番長」の調理主任、水野仁輔《じんすけ》氏。

元々、私もお花見の宴席で餃子を焼いていましたし、どうやら北海道でしか使われていない学校行事名で恐縮なのですが「炊事遠足」が大好きな小学生でしたから「餃子は青空のもとで包む」派でした。しかし、寒空のもとというのは厳しいものがあります。北海道では、冬にお店から調理済みのおみやげ餃子を持ち帰ってくるだけで、カチンカチンの冷凍餃子になってしまいますから。

水野氏は、全国各地の屋外イベントで、カレーと音楽（ＤＪプレイ）を提供し続け、十年以上。『カレーの法則』『カレーになりたい！』『カレーライスの謎』『ニッポンカレー大全』と、出版される著書のすべてが奥深く、よくもまぁカレーだけで、ひとつのネタかぶりもなく書き続けることができるものねと感心することしきり。

水野氏が手がけた本が、十冊以上固まって置いてある書棚の一角からは、カレーの匂《にお》いが漂います。本当です。七十二人のカレー愛好家が、それぞれのカレーを語る『俺カレー』は、カバーに世界初の香り付きというトンデモ本でした。当時ブルセラものが流行っていた時期だっただけに、匂い付きって案外ふつうだったような。『読む餃子』の表紙にも、香りを付けようという話は、当初からありました。カバーイラストの餃子を指で擦《こす》ったら、ニラ臭、ニンニク臭、ラー油臭、肉臭が……。出版社の担当者から、瞬間却下されたのは言うまでもありません。

香りというのは、筆の冴《さ》えた小説家であっても、なかなか文章では正確には伝えられないものです。カレーにも、インド、タイ、蕎麦《そば》屋のと、数えたらキリがないほど種類が存在していますから、一概にカレー臭（加齢臭ではない）と十把一絡《ひとから》げにするのも無理があるというもの。でも、いかにもカレーって感じがする、食欲を刺激しそうなスパイスの香りとか、お鍋《なべ》からふんわり漂ってくるまろやかな香りは、わかりやすいイイ香りに分類されると思うのです。

ところが、餃子の場合は、餃子臭と書いただけで、もうオヤジのニンニク臭い口臭しか浮かんでこないのは、なんだか残念なことです。餃子香と書いても、中華街の市場通りのイメージくらいしか湧いてきません。では、餃子の香りとはなんぞや。思わず餃子が食べたくなって、生唾《なまつば》を飲み込んでしまうにおいの正体とは？

それを、一言で言うのは難しいですね。肉や野菜を刻んだり、混ぜたりしているうちの香りは、深呼吸したところで、それほどそそらないもの。当然、私は大好きなのですが。包んでいる時の餡《あん》と小麦粉のハーモニーというのも、それなりの過程の香り。で、鉄板に油を引いて、いざ焼きにかかって、お湯を注いでジュワーッとなった時、立ち込めた水蒸気に、ようやく小麦粉が焦げた香りが混ざります。そして、水気が飛んで、仕上げにゴマ油を注ぐ段階で、餃子を焼いているぞ！　という主張のこもった香りが立ち込めてくるのです。

焼き上がって皿に盛られ、テーブルに運ばれた瞬間から、餃子の表面温度は低下していきます。それに伴い、香りの発生も徐々に減っていきます。「食べる前に撮る」とか言っている場合ではありません。すぐに箸をつけましょう。

お箸で持ち上げ、口元に近づけたとき、ようやく初めて餃子らしい香りを確認するに至ります。その前にタレですね。テーブルの上に置いてあるタレや、酢の香りというのは、やがて訪れるクライマックスに備えての、嗅覚《きゅうかく》のウォーミングアップのようなものです。香りの強い黒酢が好きな方は、最初からテーブルの上にスタンバイさせておきましょう。餃子が運ばれてから、調味料の調合をしているようでは遅過ぎますから。

ついに、餃子の真の香りが漂う時が近づいてきました。餃子は完全密封されているのが基本と考える私は、口に含んで皮を噛《か》み、穴が開いて、中のアツアツな餡が舌の上に展開するその瞬間に広がるものこそが、餃子の香りだと考えます。

カレーをはじめ料理の多くは、厨房《ちゅうぼう》でつくられている時、運ばれてきた時、食べる時と、距離によって濃淡こそあるものの、香りのバランスは一定です。

皮の厚い水餃子が好きな中国人は、香りの変化や、パリッ、サクサクといった食感をあまり重視しません。調理時から始まる複雑な香りの変化を感じ取れるのは、日本人である証《あかし》とも言えます。口に入れてから香り立つサプライズこそが、餃子の魅力「餃子臭」と言えるのでは餃子いませんでしょうか。

おもてなしは醤油差しから

この本を手にされている方は、家に友達を招いての餃子パーリーなんてしょっちゅうでしょう。家中に餃子臭が充満する、一体感溢《あふ》れる一大イベントを仕切る際、客人からもっとも注目されるのは、焼き上がった餃子ではありません。お友達は玄関から上がるなり、テーブルやカーテンなどあなたのインテリアセンスはもちろん、キッチン周りやグラスや小皿などの調度品にも興味津々《しんしん》なはず。と言いつつ、あなたの部屋が百均で買ったチープなもので溢れかえっていたって別にいいんです。あれもこれも気合い入れて準備しなくたって、お友達はただ美味しい餃子を楽しくワイワイつくって食べて、ビールを飲んで、だべりに来ただけなんですから。

でも、一点これだけはキメておいた方がいいものがあります。それは調味料セット。お醤油、ラー油、お酢は、今どんな容器に入っているでしょうか？　餃子を食べる際、お箸よりも何よりも先に、必ず手に触れるのが醤油差しです。なぜかわからないけれどグッドデザインマークがついている、赤い注ぎ口の所帯じみた醤油差しとかでいいんですか？　中身は有名なメーカーの、高級な超特選本醸造醤油とかでなくても、生協の今週のお買い得品の醤油で十分。「カワイイ、お洒落《しゃれ》、コレどこで買ったの？」と言われるような醤油差しを、何気なく普段から使っていることが大事です。

一点豪華主義とは言いませんが、陶器のお店で見つけた、これぞという醤油差しに出くわしたり、海外のアンティークショップでゲットした、元々、絶対に醤油は入っていなかったであろう透明な瓶とか、毎日使うものですし、こだわり抜いて探したものであれば話題が広がるというものです。

地方出身者としては、地元メーカーの醤油差しなどがあると、ローカルな話題に火がついて盛り上がりそうです。大分のフンドーキンとか、三重のミヱマンとか、餃子との相性はともかく、瓶だけで絶対に盛り上がります。帰省した際に、郷土の醤油メーカーの醤油差しを買っておくべきでしょう。

ちょっと前までは、こうした日用品のプロダクトデザインを、しっかり手がける風土が日本にありました。しかし、儲《もう》かるデザインという理由から、優秀なデザイナーは、ゲームやＷＥＢに流出していき、人材が空になってしまっているのが現状です。

D&DEPARTMENTを主宰している、デザインプロデューサー、ナガオカケンメイ氏のショップには、作り手が真剣に生活者と向き合っていた、六〇年代にデザインされた醤油差しがたくさん並んでいます。自分が本当に満足するロングライフな醤油差しを、探しに行かれてみてはどうでしょう。海外からのお客さまで、おみやげに、ちゃんとした醤油差しが欲しいという方は結構多いものです。確かに醤油差しって、日本以外では売っていないものです。

私が「蔓餃苑」で愛用している醤油差しは、海外の日本人向けスーパーで売られているヤマサの輸出仕様の瓶。同じカタチで、普通の醤油と減塩タイプのものがあり、それぞれ注ぎ口の色が、赤色と緑色に分かれています。中身を使い切ったあとは、緑色の注ぎ口の瓶中には、生のニンニクを漬けています。皮を剝《む》いたニンニクの表面をおろし金で引っ掻《か》いて傷をつけ、少量の山椒《さんしょう》といっしょに、そのまま何片かを醤油の中に入れて、瓶ごと冷蔵庫に保管しておきます。そうするだけで香り高いニンニク醤油が出来上がります。これも是非、お試し頂きとう餃子います。

小皿の章

デザ餃

一年前は、せいぜい十軒でした。三年前は、私の知る限りで二軒。五年前まで遡《さかのぼ》ると、全国でただの一軒、蔓餃苑でしか出していなかったものと言えば、「モツアン餃子《ぎょうざ》」。

「鶏モツ？　豚レバー入りなの？」

「はい、そのとおり。新鮮な牛モツと、アンコウの肝を混ぜ合わせて餡《あん》をつくった、濃厚な餃子……」な訳ありません。

新鮮なモッツァレラチーズとゆであずきを、絶妙な比率で餃子の皮でくるみ、餃子と餃子の間には、羽根ができるよう十分な隙間をとって、フライパンのふちに円形・放射状に並べます。水溶き強力粉を流し込み、じっくりと焼き上げます。仕上げには、糖分を混ぜていないピュアなきな粉をお皿の真ん中にてんこ盛り。店主がその日の気分で、祝日はもちろん日の丸、円安ドル高に反転すると星条旗、ウィリアム王子とケイトさんが結婚した際はユニオンジャックを、きな粉の山の上に立てたら出来上がりです。

焼き面はサックサク、極薄い羽根はパリッパリ、皮全体はモッチモチ、箸《はし》ですくいながら、お皿中央のきな粉をまぶします。砂場でハムスターが転がって遊んでいる状態から、息を完全に止めてパクつきます。ちょっとでも吸い込み気味に口に入れると、餃子本体より先にきな粉の方がのどの奥へ流入し、最悪、気管支に到達した場合にはむせ苦しみます。翌日までゴホンゴホンと引きずる方もいらっしゃいますから注意が必要です。モッアン餃子で、肺気腫《はいきしゅ》を患《わずら》ったという症例は今のところは報告されていませんが。

小麦粉が焼けた香ばしさと、皮の弾力感の両方を感じつつ、まるでハワイのキラウエア火山から流れ出る溶岩のように、アツアツの状態でモッツァレラとあずきがマーブル状に溶け出てくるのを舌で受け止めてください。ひとくちで召し上がってしまう方もおりますが、途中でまた切り口をきな粉でまぶし直すというのがお薦めです。大阪の串《くし》カツ屋のように「ソース二度付け絶対禁止」みたいな、厳格なルールは存在しませんので、安心して二度付け三度付けしてお召し上がりください。

見た目は完全な餃子。しかし、これこそが「デザ餃」(デザート餃子)の元祖です。

「餃子でデザート？　デザ餃、モッアンって、何それ」

十年間。長かったですが、ずっとそう言われ続けてきました。モッアン餃子が不憫《ふびん》でなりませんでした。ウルウル。最初はどなたも遠慮がちに召し上がるのですが、最初のひとくちで笑顔に一変します。

二〇〇六年拙著『餃子のスヽメ』でレシピを完全公開。それをきっかけに、全国へ広まったデザート餃子。書籍の発売から、ジワジワと世間に浸透していくのは感慨深いものがあります。インターネットに押され、メディアとしての紙媒体の存在意義が論じられるまでになっていますが、影響力はちゃんとありますね。やはり書籍の力は大きいのです。

デザ餃の発明よりも前に、こちらもしみじみとつくり続けている「マン盆栽」というのがあるのですが、あっ、食べ物のことではありません。これまでマン盆栽の本は、文庫も含めて全部で七冊も上梓《じょうし》しているのですが、マン盆栽人口は、実際のところはどうなんでしょう。同じ自分の発明品でも、美味《おい》しい食べ物と、クダラナイ園芸との差は大きいようです。モッアン餃子は、マン盆栽に完全勝利しました。いや、別に自ら勝ち負けを競っている訳ではありませんが。

コロンブスの卵的発想のレシピと言われればそれまでですが、餃子は全《すべ》てにおいてそういうものと捉《とら》えています。何を入れようと勝手ですし。美味しければ何でもありの自由な世界。まだ餃子の全てが記号化されたわけではないと思っています。さらに新しい餃子の創造と、定番餃子の発信の両方を、今後も広げてゆく所存です。同時に掲載した、チョコ（カカオ）とモッツァレラチーズを、二枚の皮を使って円盤状に包んだ「モッカカ餃子」は女性誌などにも転載され、お子さんのいる家庭を中心に着実に浸透しているようで、刊行した甲斐《かい》があったというか、嬉《うれ》しいものです。

餃子をつくっていって、最終的に皮が余ったらやってみましょうとかいう、デザ餃を最初からつくる前向きな姿勢がそもそも感じられない、「冷蔵庫の残り物を使ってつくろう」という女性週刊誌の特集はアカンです。最初から積極的に材料を揃《そろ》えてやらないのか！　とツッコミを入れながらページをめくってしまいます。

でも、そんな「もったいない」がきっかけだったり、合わせ技でいろいろつくっているうちに完成してしまったデザ餃もあります。

フィリピンの街角にあるスイーツ専門店で、切ったマンゴーの上に、タピオカ、濃厚なクリーム、あずきをトッピングしたものを頂きました。もし、マニラに住むことになったなら、毎日それだけしか食べなくても生きていけると断言できるほどの美味しさでした。帰国後、さっそくマンゴーと、モッツァレラを切らしていたので冷蔵庫にあったカマンベールチーズ、ゆであずき缶もなかったので、仕方がないのでこしあんと合わせて包んで焼いてみたところ、これがありえない美味しさ。マンゴーとカマンベールのマンが重なる組み合わせもグー。残り物で、新デザ餃「Wマン餃」が完成いたしました。

「自分が食べたいものしかつくらない」が私の餃子道。自分が食べたくないものを、無理して人につくったりなどということはありません。

おみやげで貰《もら》ったまま、冷蔵庫の場所取り虫だった生キャラメルを入れてみたり、デザ餃開発に凝り出すと、体重計に乗ることを自ら拒否するようになります。アップルパイ感覚のシナモン餃子、びわとこしあんとマロンなど、一日中つくり続けてしまいます。カリカリに焼いた皮を、ピリ辛のサルサソース、チーズフォンデュ、濃い目のお汁粉風のディップに浸して食べるというのもなかなかイケます。

甘党でなくとも、餃子の〆《しめ》はモッツアンがデフォ。どんなにお腹がいっぱいでも、別腹に入れるからと、必ずオーダーが入るデザ餃。是非、お試し頂きとう餃子います。

近代餃子の祖

それまで、慌《あわ》ただしい朝に家族全員が時計代わりにして見慣れていた情報番組が、有能なアナウンサーの急転直下の独立宣言がきっかけで消滅してしまいました。半年経《た》っても、あとの番組にはどうしても馴染《なじ》めないパラダイス家です。

ただ、ひとつだけ、このコーナーの出現によって、かろうじて他局に変えることができません。**速水もこみち**の「MOCO'Sキッチン」があるからです。

最近の料理番組に登場する料理研究家というのは、**鶏ガラ**のような色気のないおばさんだったり、クマのようなオヤジだったり、オカマだったり、二世だったり、どうしてストレートにかっこいい人って出てこないのだろうと、不思議に思っていましたが、これで問題は無事解決しました。

このコーナーには、もちろん放送作家もいれば、キッチンコーディネーターとか、料理アシスタントも大勢いることでしょう。でも、そんな人の影をまったくちらつかせず、もこみちさんの手際《てぎわ》のよさ、ぐいぐい調理している姿で見せているのが特徴です。素晴らしい逸材だと思います。包丁使いひとつとっても、付け焼き刃な感じがまったくしませんから。満を持しての料理番組登板だったのでしょうね。おめでとう餃子います。

番組開始二カ月目にして、ついに餃子のレシピが登場しました。

「簡単餃子で妻を驚かせたい」

餃子だというのに、材料は、牛の挽《ひ》き肉《にく》にジャガイモ、ニンジン、タマネギ、ニンニクです。ほとんどそれってカレーの材料じゃありませんかと思って見ていたら、やっぱりカレー粉使います。

フライパンを軽々と持って炒《いた》めている姿もとにかく絵になります。世の中の女性の多くが、こんな男性が毎日私のためだけにご飯をつくってくれるなら結婚してあげてもいいわ〜、と夢に描いているとしたらお気の毒なことです。

カレーが入った餃子は私もいろいろつくりますが、もこみちさんは包む段階になって、餃子の皮ではなく、ワンタンの皮を使い始めました。いったいどこまで狙《ねら》っているんでしょう。斬新《ざんしん》な中にもリアリティを追求する、これこそが料理番組の基本ではないでしょうか。

ワンタンの皮の中に具材を入れ、抽選のクジのように二つ折りしただけのシンプルな構造のものを揚げ餃子にするというやり方。油の使用量が若干多めに見えても、終始爽《さわ》やかで軽快なトークが、余分なカロリーまで吹っ飛ばしてしまう感じがイイ、実にイイ。

出来上がったのは餃子と言うよりは、トルコなどで食べたことがあるサモサに近いものでした。チーズやトマトソース、肉じゃがの残りなどでもお試しを、だそうです。

スタッフの誰かが考えたレシピかもしれませんよ。でも、完全に自分のモノにしてしまっている姿はプロですね。今晩にでも、すぐ試してみたくなる動機付けになっています。スーパーの精肉コーナーで、餃子の皮が売り切れてしまっていても、ワンタンの皮だけはごっそり並んでいるのを見かけるのですが、このオンエア日から数日間は、近所のどこのスーパーに行っても、ワンタンの皮だけが売り切れていました。

おそるべしMOCO'S POWER。

彼をキャスティングしたプロデューサーを褒めてあげたいです。愛が餃子をつくる。餃子が愛を育《はぐく》む。できれば餃子専用番組になってもらいたいくらいです。
ここに、近代餃子の祖の生誕を、心よりお祝いする次第で餃子います。

餃子顔

餃子に似た顔の人って、思い浮かべてもすぐ出てこないですよね。よく食品に例えられる顔をした政治家とか、顔の一部がそのように言われたりする芸能人とかいますが、「餃子顔」って、あんまり聞かないです。

だいたい、餃子のような扇形の頭部をした人なんていませんから。しいて挙げるなら、アンパンマンに出てくるメロンパンナの弟で、クリームパンダというキャラがいますが、輪郭はクリームパンというより餃子に近いです。でも、それって人じゃないですね。

消しゴム版画家のナンシー関さんがお亡《な》くなりになってから、早いもので十年が経とうとしています。一九六二年、私が北海道、ナンシーさんが青森生まれの、お互い北国育ち。なんとなく体型に共通点。趣味、食べること。カタカナ先行の名前も一緒。

だいぶ前の話になりますが、快進撃を続け絶好調だった横綱貴乃花から、二場所連続で金星を取った元力士の敷島関（現在は年寄・浦風）と、ナンシー関、それにパラダイス山元関という三関の巨体と、その土俵入りを迎える行司のような、ナンシーさんの書籍のご担当だった華奢《きゃしゃ》な編集者の四名で、高級中華のオーダーバイキングを食べに行ったことがありました。

ここは、私が最もお気に入りの中華レストラン。東京湾を挟んでちょうど対岸にある「中華料理世界チャンピオンの店」「中華料理世界大会三連覇の店」「中華料理博覧会優勝の店」のどこよりも美味しいです。というか、比べるだけとんでもなく失礼でした。ごめんなさい。味付け、雰囲気、接客と全てにおいて高得点。お値段は少々張るものの、コストパフォーマンスは高いです。ロケーションが、ディズニーリゾートの目の前というのはご愛嬌《あいきょう》です。

普段は十名掛けとして使われる円卓の個室に案内されたところで、違和感がなさ過ぎると言うか、もうそれでいっぱいいっぱいな感じ。手当り次第と言うか、グランドメニューの一ページ目から、ほとんど順番にあれもこれもとオーダーしていきました。

特製冷菜の盛り合わせ、豚肉ニンニクソース和《あ》え、海老《えび》のジンジャーソース、鶏蟹爪《かにつめ》の肉辛し胡麻《ごま》ソース添え、伊勢海老の黒豆ソース炒め、海老のチリソース煮、蟹爪の衣揚げ、鮑《あわび》のオイスターソース煮、なまこと鮑の煮込み、牛肉の味噌炒めクレープ添え、フカヒレの姿煮……北京《ペキン》ダックあたりで、ナンシーさんが「パラダイスさん、ほら、餃子注文しなくていいの」と発しました。当時、バイキングのメニューには、餃子はなかったのですが、料理長に特別に無理を言ってつくってもらいました。

スープの中に浮かんだ、プリップリでパンパンな水餃子を、一同寡黙《かもく》に、そして笑みを浮かべながらすくっていたら、ナンシーさんが「高級な餃子って、芸能人に喩《たと》えるなら誰だろうね」と、つぶやきました。てっきり答えがあるものと思って、あんな人、こんな人の名前を挙げてみたのですが、結局これだという決定打が出ませんでした。

「餃子に喩えられる芸能人ってなんだかなぁ、やっぱりそれは困るよなぁ」。そんな話をしていたとき、今思えば、出席者全員が「餃子顔」だったような。お会計はたしか五万いくらだったのですが、それとなく聞いたら十五万円分は食べていたそうです。

生前、最後になってしまった電話の会話で「また、あのヒルトン東京ベイの『王朝の味覚』食べに行きたいよね～、じゃなかったら荻窪《おぎくぼ》のパラダイスさんち」と、ほんわかした低音で語りかけられたのが、今でも耳に残っているので餃子います。

餃子にニンニクは入れてはいけない

餃子を食べると息が臭くなるので、人と会う時は食べないという方は少なくありません。私も結構その辺は気をつけているつもりなのですが、以前スタジオでレコーディングの合間に出前で取った炒飯《チャーハン》に、スープとザーサイ、それに餃子が二個ほど添えられていました。ひとくち食べて「ううっ、何なんだこのニンニクの含有量は」といったところでヤメておけばよかったのですが、お腹も空いていたし、何より「餃子を粗末にしてはいけない」という「餃育」を実践、啓蒙《けいもう》している身であるため、残さず二個とも頂きました。

その後、スタジオ内のブースに戻ってコンガを叩《たた》きながら「アーーーッ、うっ！」と叫びました。私がブースから出てきたあと、次に女性コーラス三人がそこへ入った途端「餃ぇ〜、臭〜っ、死ぬぅ〜」と一目散にミキシングルームへと戻ってきました。消臭効果のあるエチケットキャンディーを食後に舐《な》めていたにもかかわらず、さんざんお腹の底から声を発していたこともあり、防音ブースの中に私の吐息、餃子臭が充満してしまったのでした。もちろんレコーディングは一時中断。あとのことは、あまり思い出したくない苦い記憶として脳裏に刻み込まれています。

その当時、東京パノラママンボボーイズが所属していたレコード会社には、錚々《そうそう》たる顔ぶれの歌手が在籍されておりました。その中でも特に有名な演歌歌手の方とラジオ番組のゲストでご一緒した際、スタジオに入るなり、私の顔を見て「ん、なんだか餃子臭くない？」と言われてしまいました。その時は餃子なんて、前日に遡っても食べている事実はなく、一瞬凍りついてしまったのですが、「パラダイスさんが使ってからねぇ、あそこのスタジオは餃子スタジオって言われているんですよ。せっかくの私のお気に入りのスタジオだったのにねぇ〜まったく……」と挽き肉たっぷり……ではなく皮肉たっぷりに言われてしまいました。

あの時の、たった二個の餃子が「餃子スタジオ」と呼ばれる所以《ゆえん》になってしまったとは、ただただ「申し訳餃子いませんでした」と深々と頭を下げるばかり。後年、その「餃子スタジオ」はレコード会社の事情で売りに出され、取り壊されて跡地にはマンションが建ちました。正直なところ、その前をクルマで通るたび、フッと安《あん》堵《ど》のため息をついてしまいます。ため息にはニンニク臭は含まれておりません、念のため。

そんなことがあって、私はそれまで餃子にニンニクを入れていたのですが、以降、他人に振る舞う餃子には一切入れないことに決めたのでした。餃子＝ニンニク入り、スタミナ料理の定番になっていますが、餃子のルーツを調べていくと、もともとはニンニクは入っていなかったらしいのです。

どういう経緯で餃子にニンニクが入ることになってしまったのか、そのきっかけを探りに、中国の首都北京の餃子専門店へ潜入しました。店のエントランスには、アメリカのアーミテージ元米国務副長官が、美味しそうに餃子を頬張る写真が飾られていました。「震災で日米関係は極めて強くなった。今後もパートナーシップを加速したい。台頭する中国を牽制《けんせい》するために、アジア地域の経済は力強い民主主義によって牽引されなくてはならない」と日本で演説をぶったわりに、この男は中国では満面の笑みを浮かべて餃子に舌鼓《したつづみ》を打っていました。「王様と私」に主演したユル・ブリンナーのようなスキンヘッド、屈強な鳩胸をしたアメリカ合衆国の要人がいったい何個餃子を食べたのか。店の人に聞いても教えてはくれませんでした。

彼が食べた餃子と同じものをひととおり注文したところ、極薄の皮で包まれた蒸し餃子も、分厚い皮でしっかりと包まれた水餃子も、どれも意外にあっさりした味わいでした。パンチがあまり利いてないというか、餡の素材のシンプルな構成が口の中でよくわかるという感じ。

う〜む、これなら何個でもいけそう。アーミテージ氏も相当食べたのだろう。そして気が付きました。すべての餃子の中にニンニクは入っていませんでした。その後に食べた他の店も同様、結局ニンニクが入っている餃子には一度も遭遇しませんでした。中国の餃子には、意外なことにニンニクは入っていなかったのです。

中国では入れないニンニクを、ではなぜ日本で餃子に入れるようになったのか。

餃子チェーン店のお偉いさんに会った際、聞いてみたところ「ニンニクが入っていないと餃子って何個食べても満足感が得られないものなんですよ。一皿六個、いやW餃子の十二個くらいで、満腹中枢《ちゅうすう》のシグナルが灯る量のニンニクをうちは仕込んでいます」

なるほど、街のサラリーマンがランチタイム時に、予算内で慌ただしくかき込む餃子定食には秘密が隠されていたのです。ニンニクは、一皿か二皿でほどほどの満足感を得るために仕込まれたものだったとは。中国から引き揚げた日本人が、その当時豚肉ではなく羊肉で餃子をつくり始めたので、特有の臭みを消すことを目的に入れ始めたという説もありますし、労働者にスタミナをつける目的で、うちがニンニク入り餃子の元祖だと主張している店もあります。いずれにしろ、もともとは入っていなかったニンニクでしたが、そのうち慣れもあって、次第に定着していったということのようです。

各々《おのおの》の味覚の違い、好きずきもあるので、ニンニク入りの餃子が○か×かという論議をしても不毛でしょう。キャベツやニラと違い、味覚を破壊させるパワーがあるニンニクは餃子の中には入れないか、入れてもちょっぴり香り付け程度。さもなくば餡のほとんどをニンニクにして罰ゲームのようなメニューにするかのどちらかだと思います。

おもてなしの心があるのなら、わざわざ食べに来たお客さまに対しては、ニンニク入りの餃子は振る舞わない方が賢明です。好みに応じて、**ニンニクを漬け込んだ醬油と、普通の醬油を使い分けてもらう**というのがベター。

もしくは、ニンニクのスライス、みじん切りを調味料セットとともに置いておくというのが中国流なので餃子います。

三人寄れば蒲田の餃子

都内で餃子の激戦地と言えば、大田区蒲田《かまた》、千代田区神田が挙げられます。どちらも「餃子で街おこししています―、日本一の餃子の街です―」という、妙な押しつけがましさがないところが魅力です。神田は昼、蒲田は夜の餃子の街といった風《ふ》情《ぜい》です。

羽根つき餃子で有名な蒲田には、極めて私的な見地からではありますが、もうひとつの魅力があります。それは、メニューやお店、接客に関係するものではありません。

最近になってようやく解消しましたが、蒲田付近は京浜急行の平面交差による踏切渋滞が慢性的に発生していて、日中クルマで餃子を食べに行くというのが、私にとっては大変難儀に感じられる場所でした。そんな訳で、蒲田には、夜が更《ふ》けてから出掛けて行く習慣がつきました。そこで、毎夜繰り広げられる光景がスゴ過ぎるのです。

屓屓《ひいき》の店のテーブル席には、夜更けだというのに若い女性客が多めです。しかも、決まって三人組。全員私服ですが、どう見ても特定の職業の方にしか見えません。少々メイクに、脚線美、そして頭にお団子だったり。餃子が運ばれてくるまでは、少々お疲れモードな感じがするのですが、ひとくち食べるなり、大空に羽ばたくような、開放感に満ち溢《あふ》れた、それはそれはイキイキとした表情に変わるのです。いつもの、あの表情です。

彼女たちのオーダーには一定の法則があります。一皿六個の餃子をまずは三人前注文。最初の餃子が運ばれてきた時点で「もう三人前お願いします」。そのタイミングは、まるでいつも私が彼女たちに対してやっていることと同じ。ビールは生中ではなく、大瓶。三人で一本空けたあと決まって紹興酒に切り替えます。理由はよくわかりません。

餃子のことをクォーティエルとか、チャオズーなどと、本格的な中国語で発音しているあたりは、上海《シャンハイ》か香港《ホンコン》から帰ってきたばかりなのでしょうか。決して姦《かしま》しいわけでなく、美女三人が、談笑しながら黙々と餃子を頬張る姿に、萌《も》えないはずがありません。

帰り際「先月、北京便で往復ともご一緒させて頂きました。いつもご搭乗ありがとうございます。お近くなんですか？」と声をかけられた時は、よろめいてしまいました。

よく食べるデブで目立ちまくっていたか、北京同日往復という無茶な旅程のため、リマークされていたか。とにかく驚くべき記憶力。大変こっ恥ずかしいので餃子いました。

餃子虎の穴

不況真っ只中の折、餃界で一人勝ち状態の「餃子の王将」。先日、「お願い！ランキング～地元住民が選ぶ！　神田で本当に美味しい餃子店BEST5　すべて当てるまで帰れま5」というテレビ番組の企画で、それぞれのお店の餃子の特徴などをコメントする機会がありました。神田に在住・在勤五年以上の人に、神田で美味しい餃子店はどこか？　というアンケートを実施すると、半数以上の人が迷わず「餃子の王将」を挙げていました。それも二位以下に圧倒的な大差をつけて。神田界隈《かいわい》に餃子を提供する店は、ラーメン店も含めると四十店以上、餃子がメインの中華店だけでも二十店もある餃子激戦区。全国どこでも同じ、いや、ちょっぴり違う「餃子の王将」の餃子ですが、まぁそれはおいといて、他にも何か人を引きつける人的要因もあるのでしょう。

就職氷河期と言われる中、数十名規模の大卒新規採用を行う「餃子の王将」の親会社「王将フードサービス」。それだけで今なら美談になりそうですが、入社直後の過酷な二泊三日の新人研修「餃子虎の穴」のようすを、番組で目にしてしまいました。

既に採用というふるいにかけられ、しばらくの人生は保証されているからか、安堵の表情を浮かべていた新入社員が、社訓のようなものを丸暗記させられ大声で発表させられます。大声出すだけなら、この私も得意な方です。ところが、ちょっとでも噛《か》んだり間違ったりすると「やりなおし！　やりなおし！」の怒号が。声がちょっとでも弱含みになってくると「声が小さい！　やりなおし！」とまた怒鳴られます。甲子園の高校野球の開会式でも、最近はあまり見かけなくなった絶叫スタイルで、顔をくしゃくしゃにしながら叫び続けるのです。これを見て、だから店内いっぱいによく通る声で「ソーハンイーガーリャンガーコーテルカイカイ」（炒飯と餃子二人前大急ぎで）とか言えるんだと、納得しました。

作文を書かされては、時間に間に合わないと、書いた紙を目の前で破り捨てられるという場面もありました。逆の立場で考えると、こういう客がいたらコワイですね。餃子遅いぞ、バーンって床に叩き落とされたりでもしたら。とにかく、何度も何度も書かされては破り捨てられる芸人のコントを見ているような滑稽《こっけい》な感じさえしましたが、両者とも本気過ぎます。

指導教官も、よくもここまでと言うくらい、小さいミスでもいちいち声を荒らげます。実は、新入社員以上に大変なのではないかと思ってしまいました。たぶん家では、超超いいお父さん。いるかどうかはわかりませんが、娘が大きくなってもずっと慕っていたい、そんな雰囲気。でも、この山の中に籠《こも》った途端、どこかの大学の剣道部の顧問のような、もう今どきの暴力団もこんなにデカイ声出して威嚇《いかく》なんかしませんよ、というほどの圧巻なボリュームで怒鳴りまくります。

他にも、チームプレーで競わせる四十キロウォーキング、いつまで経っても終わらないラジオ体操など、餃子焼いたり、炒飯つくったりすることとは一切関係のない、何の脈絡もないように見えることを延々とやらされているのです。

一緒にテレビを見ていた子どもの口からは「王将の店員さんって、みんな、こんなことやっているんだぁ。自衛隊とどっちが大変なんだろう」とため息が漏れていました。「ただ餃子つくってんじゃないんだね、みんなえらいね〜」とごまかす父。

さらに二日目に断食させられるのもすごかった。腹いっぱい食べられる「餃子の王将」の新人研修で、まさかの断食とは。「ご飯を食べるという、今まであたりまえに出来ていたことが、出来なくなった時の辛《つら》さを経験する」とか言われていましたが、それも大事なことですね。私もこの原稿書きながら、断食ダイエット二日目に突入しました。

真面目《まじめ》過ぎるほど熱血漢の教官は、古いタイプの人間かもしれません。でも、こういった古いタイプの人がいないと、企業風土の伝承は途絶えてしまうものです。評価の仕方や尺度の基準が曖昧《あいまい》なまま、おそらくなんで怒鳴られているかさえもわからなくなってしまうような状況が延々と続くのを見ていて、例の「修行」を思い出しました。しかし、たったの二泊三日の日程で、今後、社員としてのモチベーションを維持することができたのなら、相当効率のいい、優秀なカリキュラムと言えましょう。

私は、自動車会社のデザイン部門に入社早々、新人研修という名のもとに、一カ月の塗装工場勤務を命ぜられました。それから比較すると、どんなに理不尽だろうが、どんなに精神的に追い込まれようとも、本当に三日間と最初からわかっていれば耐えられますね。私の研修では、あと一日でようやく終わるという日に、一カ月の延長通知。さらに、もう一カ月。「もう何とかしてください、本当にデザイン部門には配属されるのですか?」と聞きに行ったことが影響してか、さらにもう三カ月の延長を言い渡されてしまいました。無限ループ状態。入社した自動車会社は、当時確かに業績が悪過ぎました。オマエなんか、この先もずっと一番シンナー臭い現場で応援やってろって雰囲気ありありでした。とにかくエンドレスというのには相当堪《こた》えます。成果の見えない、研修でも教育でも何でもなかったです。よく言えば、かわいがり。愛社精神も育たなければ、忠誠を誓う気にもならない負の研修でした。昼夜交代勤務制で夜明けにヘトヘトで帰ってきては、冷凍餃子を焼いていた

あの日が、今でもムカつくほどです。

最後に感極まって教官と抱き合って号泣する、餃子の王将の新入社員に、私は「たった三日で、ずいぶん鍛えてもらってよかったね」と声をかけたくなりました。担保として、既に社員と確定しているからこその研修でしょうし、そういう通過儀礼で人生の節目をしっかり自覚するのも重要なことです、とくに若い方には。

それがなぜ、餃子の王将の研修で取り入れられなければいけないのかというカリキュラムばかりでしたので、機会があったら、来年は何かマンボな特訓でもやらせてあげてください。さらにいい社員が育つ指導のノウハウがあるので餃子います。

キャベツ派VS白菜派

私は、基本「キャベツ派」です。「白菜派」は、タモリさんです。美味しい餃子をつくるためには、異常気象でキャベツが店頭で品薄になったり、高騰《こうとう》していても、決して白菜で代用せず、キャベツを探し出し買ってくる。今夜のおかずは美味しい餃子という目的を遂行するためなら、隣町のスーパーまではしごしてでもキャベツを手に入れることを「マキャベツリズム」と言います。うそです。

「キャベツ派」の中には「茹《ゆ》でる派」と「そのまま派」が存在します。さらに「塩《しお》揉《も》み派」と「揉まない派」もあります。

それが刻みでも「粗め派」と「極細派」に分かれ、派閥の中で水気を「よく絞る派」「軽く絞る派」「ぜんぜん絞らない派」と三派に分かれます。

さて、キャベツの水気をよく絞る理由が、私には理解できません。質問サイトでも、「茹でて、塩揉みして、水気をしっかりと絞らなければならない」と、力説している主婦の回答が目立つのですが、なぜ美味しいキャベツの汁を、惜しげもなく絞ってて捨ててしまわなければならないのか、さっぱりわからないのです。過去に、何かキャベツの汁で、酷《ひど》い目にでもあったんでしょうか。出来上がりのもっさもさした食感の餃子の、どこがいいのでしょう。しかし、味覚には個人差がありますので、もっさもさの餃子ファンをこれ以上怒らせないためにも、この話題はいったん封印することにします。

フードプロセッサーで、キャベツの葉の部分は粗め、芯《しん》は極細に切り刻んで残さずに全部使うと、もったいないお化けは金輪際《こんりんざい》出なくなります。

キャベツと白菜を一対一で混ぜると、お互いのよさがほどよく混じり合い、独特の食感を楽しむことができます。私はその際、キャベツ白菜の両方とも、茹でもしなければ、水気も絞りません。さらに他の野菜、お肉と混ぜて餡をつくっていってもいいですし、キャベツと白菜に、生しらす、塩、鶏ガラスープを加えた、野菜中心の餃子も美味しいです。野菜中心の餃子に、肉の破片がちょっぴりしか入っていないのはすごく貧乏ったらしいのですが、生しらすだと逆に上品でリッチな感じがしてしまうのは、いったいどういうことなのでしょうか。考えた私にも、さっぱりわからないので餃子います。

餃子イタリアーノ

餃子好きは粉もの好きでもあります。お好み焼き、たこ焼き、パスタ、何でもOKです。美味しい讃岐《さぬき》うどんを求めて、高松へ一泊二日十六杯などという苦行もやっていました。あの頃、私は若かった。

無論、私はピザ好きでもあります。わざわざ本場イタリアまで食べに行かなくても、電話一本で家まで届けてくれるのが嬉しいですね。同じことを、讃岐うどんに求めても、なかなか厳しいでしょう。でも、どこの店でもいいというわけにはいきません。お店選びには、餃子の王様なりにこだわっているつもりです。

テレビでよくコマーシャルが流れている店は、夏にしか頼みません。海老のカタチした浮き輪が欲しい時だけです。家から一番近い、しょっちゅうポストに同じチラシを三枚も四枚も入れてくる大手チェーンは、以前はよく頼んでいましたが、最近デリバリーの三輪車と、交差点で出会い頭に衝突しそうになったので、もう二度と頼みません。ちゃんと一時停止を守ってください、ヘルメットを被《かぶ》ったサンタクロースさん。

私がよく注文する宅配ピザは、薄生地なのにもちもちで、ガスオーブンではなく、薪《まき》の香りが香ばしい、ピザ専用窯《がま》で焼き上げているナポリピザの店です。

東京パノラママンボボーイズで一緒に活動してきたDJコモエスタ八重樫《やえがし》氏は、住み慣れたマンションから引っ越す際、この店のデリバリー範囲かどうか確認して物件を探していたほどです。どんだけ、ピザばっかり頼んでいるんですか。

恵比寿にある「盆さいや」という、店内に盆栽を並べているバーのお馴染《なじ》みさんで、このピザ会社で仕入れを担当していた方とお知り合いになりました。味覚のステージが、東京ディズニーランドのシンデレラ城前の特設ステージと同じくらいハイレベルな方です。わかりにくかったですね、ごめんなさい。日々の食に対するこだわりを書き綴《つづ》ったブログでも才能を発揮。築地の場外から保冷ケースに入れて持ってきた貝を、ささっと目の前で調理してしまう手際の良さで、見た目以上のイイ男っぷりを発揮。しっかりした目利《めき》きを仕入れ部門に配置させているのがわかったことも高ポイントです。

その宅配ピザは、単に美味しいだけではなく、季節の変わり目とかに、餃子のアイデアまでデリバリーしてくれるのです。最近では、カボチャとリコッタチーズの組み合わせがよかったので、すぐに餃子の具にして再現してみました。これは正直、イケますね。もう、今スグにでもナポリの繁華街に、イタリアン餃子専門店を開店させたい衝動にかられます。

イタリアには、もともとラビオリが存在します。皮に指でヒダをつくらず、具を挟んだ生地のまわりを、ギザギザ刃の回転カッターで抜いていくという方法で、餃子っぽいカタチにします。ひとつひとつ小麦粉の皮に包まれているか、オープンな状態の皮の上に具が乗って焼かれているかの違いで、日本とイタリアの違いが生まれているのでしょうか。そんな単純な話ではないと思いますが、餃子もピザも材料にはかなり近いものがあります。

他に、宅配ピザがヒントになったことと言えば、チーズの使い分けです。餃子にチーズを入れるのは、お店でも家庭でもずいぶん浸透したように思います。ほとんどの方がスーパーなどで販売されているピザ用の加熱専用シュレッドタイプか、とろけるスライスタイプをお使いになっていることでしょう。それらに、ゴーダ、レッドチェダー、モッツァレラ、リコッタ、エダム、ゴルゴンゾーラ、ブルーチーズなど、特徴のあるストレートチーズを加えることによって、コクや深みが増し、オリジナルテイストの餃子が完成するのです。

贈答用などでもらったものの、食べ慣れないという理由から、冷蔵庫の奥深くで長いこと眠っているチーズなどがありましたら、是非混ぜて使ってみるとよいでしょう。最初からドバッと入れませんように。特にブルーチーズなどは、加熱すると訳わからない臭気を発する場合もありますから慎重に。実験餃子は少しずつつくるのが基本です。何個か焼いて試してみて、もの足りないようであれば増量、万が一食べられないようなものになってしまったらそこで実験終了です。転ばぬ先の杖《つえ》で、こういうアドバイスをしたにもかかわらず、大量に材料を廃棄するようなことになりませんように。

もうひとつはイベリコ豚のベーコンです。普通のベーコンでも代用はききますが、スライスではなく、ブロックのベーコンをサイの目に角切りしたものを餡に混ぜます。肉の食感の中にベーコンのごろっとした舌触りが新鮮です。そのままでももちろん美味しいのですが、炒めて少し焦げ目を付けたものを投入すると、風味と食感が極端に増します。チーズとも、トマトとも、相性は抜群です。

ふと思ったのですが、私の特製餃子のように、ピザにあの漢方生薬が入った栄養ドリンクを使ってみたらどうなるんでしょう。皮を隔てて間接的に加熱されているものが、直接火に当てられるとどうなってしまうのでしょう。私は、まだ試したことがありません。不勉強でごめんなさい。包まれているからこその風味とも言えますし、やってみないとわかりませんね。ピザ好きの方、誰かお願いします。

餡の他にミニトマトをまるごと餃子に包むのもイタリアを感じさせてくれます。その焼き立てをひとくちでいってしまい、大変なことになってしまった人がおります。

「高熱のトマト汁が口の中で爆発して、火傷《やけど》しちゃったよ」と言うのは、イラストレーター、ソラミミストの安齋肇《はじめ》氏。一緒にOBANDOSというバンドやっています。餃子にアレ入れたら美味しい、コレ入れたら大変なことになるよと、いつもありがたい助言を頂いています。工作展という展覧会から端を発した、メンバーがすべて手づくりの楽器を演奏するという、世界にも稀《まれ》なスタイルのバンドOBANDOS。ライブ終了後は、蔓餃苑がOBANDOS指定打ち上げ会場になるので餃子います。

餃子とビール

「この謎《なぞ》がきちんと解ければ、ノーベル賞もんだー。あーっはっはっはっ」と、隣のテーブルのオヤジたち。

というわけで、なぜ、餃子にはビールが合うのでしょう。日本酒じゃダメなんですか。チューハイじゃダメなんですか。

ある番組で、初っぱな新橋のSLをバックに、既に一杯やってきているサラリーマンのグループを捕まえてインタビューを敢行。その後、栄養学的見地から、栄養士さんの比較的マジメなコメントを挟み、街の餃子屋さんの店主が「そんなの昔から決まってるだろー」とか、ぶっ壊す一言を放ったあと「それでは餃子にお詳しいこの方のご意見を、パラダイス山元さん……」という流れがあったのですが、そこでどんなことを話したか、まったく記憶にありません。覚えていないんですね、見事なまでに。

「餃子にテキーラが合うわけないだろう、理由なんてないよ。じゃー餃子食べてから、飲んでみろよ、テキーラ。えっ、餃子にソルティードッグ？　なに気取ってんだバカ野郎。うーっ、マンボ！」という、誰が書いたかもわからない台本どおりに演じたのに、丸々カットされてしまった別の深夜番組のことしか覚えていませんです。

というわけで、餃子にビールが合う理由を、編集部までご投稿くださいませ。数がまとまったところで、この本の続編『なぜ、餃子にビールなのか』を、全編書き下ろしレビューまるまる転載コピペバージョンでお届けしたいと思います。

餃子に合うビールの銘柄というのは、必ずあると思います。そのお店の餃子ごとに向き不向きもあるでしょうし、政治的に、この店にはこのビールじゃないとダメみたいなこともあります。大人の事情と言うか何と言うか。

蔓餃苑の餃子には、「サッポロラガービール」、通称「赤星」が一番合います。私の個人的な味覚とこだわりが、客に選択の余地を与えず、開店以来ずっとそれに慣れさせてきたとも言えます。札幌生まれ、札幌育ちだからというのも関係ありません。お父さん、サッポロビールで働いていた？　とか、そういう理由もないです。サッポロビール園には、子どもの頃から何度も足を運んでいました。もっぱら、

「リボンシトロン」か「リボンナポリン」でしたが、随分若い頃に赤星の洗礼を受けていたように記憶しています。

緑色の瓶でおなじみの麦芽百パーセント、アロマホップ百パーセントのビール「キリンハートランド」は、OBANDOSのバンド仲間でもある、漫画家のしりあがり寿氏が、キリンビール在職中に担当していた銘柄ということで、バンドの打ち上げを蔓餃苑で開くようになって以来、常備しています。ハートランドと言われる、アメリカ・シカゴ近郊の樹をイメージして、ガラス瓶自体にエンボス加工であしらった特殊なデザインの中瓶。サッポロ赤星のボディの強さに比べると、だいぶ軽めの喉《のど》ごしです。

一応、この二種類の他に、「よいこの泡びぃー」という、子どもも大人と一緒になって泡でプハーッができるジュースと、あと「コアップガラナ」が、冷蔵庫に常備されています。コアップガラナは、北海道生まれの私の、ソウルドリンクです。ソウルドリンクと言っても、マッコリのことではありません。コアップガラナと紹興酒を、一対一で割った、蔓餃苑のオリジナルカクテル「ガラナダショウコウ」は、都内有名ホテルの一流バーテンダーから絶賛されたお墨付き。濃い目のドリンクになりますが、クセになります。あっさりしたおかひじき餃子などに、大変よく合います。

以前、大量のベルギービールをおみやげに持って来てくれた、OBANDOSの空き缶パーカッショニスト、漫画家の朝倉世界一氏。単純に、日本のビールよりコクがあって、なおかつフレーバーを強めに感じるベルギービールの個性と、餃子がぴったり合う時もあれば、ビールだけが異常に美味《おい》しく感じられてしまう銘柄もありました。「どれが、どの餃子に合うんだろうね〜」と、みんなでやりながら飲むのはなかなか楽しいものです。しかし、ベルギービール初心者が、餃子とのベストマッチングブランドを見つけ出すというのは、至難の業。奇跡に近い作業になるかもしれません。

この本の編集者で『ベルギービール大全』の著者、日本ビアジャーナリスト協会の副会長もやっている石黒謙吾氏は、蔓餃苑に来店するなり即ビール、餃子が焼き上がる前に中瓶二本、餃子ひとくちでまた一本というとんでもないビール党。ベルギービールに関してのうんちくを語らせると止まらなくなります。「ベルギービールには千種類以上の銘柄があるのですが、その味わいは、フルーツジュースのように甘いもの、お酢を飲んでると感じるほど酸《す》っぱいもの、香草がたっぷり香るスパイシーなもの、カラメル風味でフルボディなものなど、また、日本のピルスナータイプに非常に近いすっきり飲めるものもあります。フレーバーが強いビールもあれば、中には、餃子にジャストフィットするものも。例えば、日本のお店にありそうなものでひとつ挙げれば、デュベルとか。度数は高いですが、キリッとしたゴールデンエール。アサヒビールが輸入しているレフ・ブロンドも、フルーティですが、まあまあ合うと思います。蔓餃苑にベルギービール専用の冷蔵庫置きませんか？」

と、マシンガントークが炸裂《さくれつ》します。

私も「この前、ロンドンでマン盆栽のエキシビジョンを開催した時、そのショーディッチのギャラリーの斜め向かいに、百年以上の歴史を有するパブがあって、ビターやスタウト片手に、ウインドーの外からマン盆栽を鑑賞しているの。見るからにぬるそうなんだけど、最近はイギリスのパブのビールも案外冷えていたりするわけよ」などと応戦。

それに再び応《こた》える石黒氏、「餃子パラダイスの蔓餃苑で振る舞って頂く餃子には、ホップがほどよく効いて、こまっしゃくれてない味の赤星がベストマッチングであること間違いないっす。でもベルギービールは、単にひとくくりできないほど多種多様なんで、このチーズクォーターパウンダー餃子と、海鮮黒水餃子にぴったり合う銘柄を、次回ここで飲み比べしましょうか」。ベルギービール対ロンドンのパブの話題だけで、二時間強、あえて餃子でもなく……という展開になってしまうのでした。

日本で親しまれているピルスナービールが、餃子にだけ照準を合わせてつくられているわけはないと思いますが、炭酸のもつ清涼感と、ホップが効いた切れのよい苦みは、やはり餃子にはぴったりなのは間違いないのです。

客の慣らされ具合というのも、実は重要なこと。日本全国どこの餃子屋さんに行っても、必ずと言っていいほど置いてある銘柄のビールがあります。個人的なスポーツ嫌いから、ビールの味以前に、この選手が偉そうにコマーシャルをやっている限り、絶対飲みたくないと心に決めている銘柄です。たぶんそんな偏屈な考えのオヤジは、私一人ぐらいでしょうから、ここではその名を割愛しますね。逆に、そのビールだけは、絶対に置いてない餃子チェーン店というのも存在します。

「餃子の王将」でビールを注文すると、なんじゃこりゃというくらい、アサヒビールとまんま同じようなロゴのコップが出てきます。こんなパクリがあっていいものか！と息巻いてはイケマセン。アサヒビールは、「餃子の王将」の筆頭株主なのでした。よって「餃子の王将」では、生ビール、瓶ビールともに、「スーパードライ」しか飲めません。いろいろと大人の事情というものが餃界にも存在するのですね。

だいぶ昔の話ですが、サントリービール「純生」も、餃子にはよく合っていました。今でこそ「プレミアムモルツ」などのヒットに恵まれていますが、当時、青いラベルのサントリービールはマイナーな存在で、新橋ガード下の中華店などで見つけると、餃子とともにもう一本という具合にジャンジャン追加していました。

以前、大阪のある街道沿いの餃子屋で、ファンタの瓶に無色透明なものが詰められているのを目にしました。中身の正体は炭酸水。これが、何だか知らないけれどジャンジャン出ていました。テーブルの上はファンタの空き瓶だらけ。下道専用の長距離ドライバーの休憩所みたいなお店でしたから、飲めないドライバーがビールがわりに飲んでいたのでしょう。中にはビールを飲んでいる人もいるのですが、そのビールを炭酸水で割ったりして飲んでいる人もおりました。今でこそ、アルコールフリーのビールテイストドリンクが大手の全メーカーから出揃いましたので、この風習は今でも続いているのか、既に無くなってしまったのかわかりませんが、餃子にビールが飲めない時は炭酸水というのも、なんだか潔《いさぎよ》くって、かっこよく見えたので餃子います。

餃子は推理だ

美味しい餃子に出会えず、二日間も土地勘のない街をふらふらと彷徨《さまよ》ってしまいました。電車から降りて、勘だけで餃子店を見つける執念。決して観光しながらではありません。そういう私は、観光が嫌い。飛行機での移動は好きでも、普段は到着した空港の敷地から一歩も出ないまま、折り返しの飛行機に乗って帰ってきます。それは国内だけでなく、羽田から北京、シンガポール、ロサンゼルス、成田からマニラ、ミュンヘンへ行っても同じ。ほとんど地面にタッチだけして帰ってきます。

飛行機についてはまたの機会にお話しするとして、その日、照りつける太陽を避けつつ、陽の当たらない路地裏へ入ってずんずん進んでいくと、その店は忽然《こつぜん》と現れました。

「準備中」

昼時の営業があったかどうかはわかりませんが、まかないも済んで、カウンターには食器が残っています。店員の一人が新聞に目をやっていたところ、外から覗《のぞ》いていた私に気づいて「六時から、六時からだからね、いいかいっ」。

納得して手を振り、私は少しお店の入口から離れました。

デジカメはまだこの世に存在していませんでしたから、コンパクトカメラに、三十六枚撮りのフィルムを装塡《そうてん》して、カウンターの枚数を気にしながらの撮影です。店の全景が入るよう構図を探し、ここだと決めたところで、慎重にシャッターを押します。

ピカッ。フィルム交換時に、補助光設定機能がいちいちリセットされてしまうのを忘れていました。フラッシュがオートになっていて、意に反して発光してしまいました。まいったな、フィルムもったいないな。しょうがないと諦《あきら》めて、もう一枚フラッシュをオフにして、同じ構図でシャッターを押したところ、その瞬間店から人が……。

結局二枚目も、引き戸から怪訝《けげん》そうな顔をしたおじさんが写り込んでしまうという外観写真になってしまいました。

「なんか、取材とかしてる？」

「あっ、いや、すみません、ただの観光客です」などと、普段、観光自体を否定しているにもかかわらず、不意を突かれると、ついいい加減なことを口走ってしまう悪い癖。

「お店、夜は六時からだからね。悪いね、よろしく」

この中途半端な時間、歩いて他に探し当てたとしても、同じように準備中だったら困るので、どこかで待機しよう。たかが一軒見つかっただけで安堵してしまう自分もどうかと思いますが、もう体力の限界を超えていました。仕方がないので、また電車に乗りました。もちろん、ただ乗って時間を潰《つぶ》すだけです。おかげで、市内全線を走破することができました。笑えないのは、後日またその周辺を、地元の方に案内され連れてきてもらったら、餃子の専門店が五軒もひしめき合う激戦区でした。なんという勘の悪さ。

六時ぴったりにお店に戻って、ようやく念願の餃子にありつけることになりました。

「東京から?」

またしても不意打ちを喰らいました。もともと、北海道の田舎者のクセに、よその地方へ行ってそう言われると、悪い気はしません。東京都民のオーラが、さりげなく私の表情から発していたというのであれば、たいしたものです。そんなことはどうでもよくて、とりあえず餃子を一人前注文しました。

「一人前でいいの？」

一皿十個で一人前、いきなり二人前二十個オーダーしろということなのですかね。でも「ハイ、一人前とビール、お願いします」と、怯《ひる》まずに言いました。

厨房《ちゅうぼう》の中に二人いる店員は、どちらもなんだかいいオヤジっぷりで、栓抜きでビールの栓を開ける際も、よくコマーシャルで耳にする、つくった効果音のようなシュポッという音をいちいち立てています。餃子一人前の盛りつけはと言うと、何も考えていないと言うか、無頓着《むとんちゃく》過ぎ。隣の客のは、ほとんど焼き目が上になっていましたが、私のは全部下でした。ひとくち餃子と言うより、半くち餃子と言うほどの大きさです。

初めて入ったお店では、嫌われるのを覚悟の上で、餃子の中身を小皿の上で解体します。もちろん、解体してバラバラになった餃子もちゃんと頂きますので、無駄とかそういうことではありません、念のため。

使われている具材と、その大きさ、刻み方、配合バランス、調味料、皮の厚さ、弾力を、舌と目で検証していきます。グルテンの含有量までは推理できませんです。

店側とすると、この行為は、決して見ていて楽しいものではありません。何か混入していたのではないかと不安にさせたり、はたまたレシピを解読されるのはかなわん、そう思われる場合もあるでしょう。

いずれにしろ、これをやり過ぎていると、多かれ少なかれ調理に集中できなくなるおそれがあるので、お小言を頂く前にささっとやってしまうのが肝心です。店員をいたずらに緊張させてはいけません。

「取材かなんかで来てるんでしょ、さっき店の外でも撮っていたし」

う〜ん、そう来てしまったか。

でも、怒って言っている感じではなく、自分の勘は正しいでしょと、ただ確かめるような口調だったので安心して、「はい、そうです」と答えてみた。

「やっぱり、なんか最初からそうだと思っていたんだよね。それで何ていう雑誌？」

必要以上の会話に発展してきてしまいました。今さらウソですとも言えません。

しかし、取材云々《うんぬん》と言ったところで、二皿目の盛りつけも無茶苦茶でした。

豚、タマネギ、ニラ、ニンニクが入った小ぶりの焼き餃子。個性的な厨房二名。一人は独身、もう一人は離婚歴ありの風俗通。間違っていたら申し訳餃子いません。

餃子駅弁

幼少の頃から、誰に刷り込まれたか知らないけれど鉄道マニアであった私。自家用車がない家でしたので、お墓参りに行くとき、タクシーに乗れるだけで超ハイテンションでした。そして、お墓手前の定山渓《じょうざんけい》鉄道の踏切で、警報とともに遮断機が下りようものなら、それはそれは大喜び。天井からピンクの花びらがたくさんぶら下がった、宴会場のような電車が通過した時などは、オラも駅弁食べて、酒飲んでパーッとやりてぇーと、野原しんのすけのようには思っていなかったとしても、子ども心に、大人の世界に憧《あこが》れを感じた瞬間であったと、今でもハッキリ記憶しています。

それ以降、汽車に乗るたび、長万部《おしゃまんべ》のかにめし、森のいかめしと、窓を開けて手提げ紐《ひも》がついた熱いお茶と一緒に、駅弁売りから買って貰《もら》っていた幼少の記憶が甦《よみがえ》ります。

高校時代、いったんは廃部になっていた鉄道研究部を復活させたりもしました。

時刻表を読み込んだり、記念切符を買いに、早朝、駅の窓口に並んだり、部品を集めたりと、今考えると随分おかしなことを真剣にやっていました。その中でも、食べたあとの駅弁の掛紙コレクションは、几帳面《きちょうめん》に台紙に整理していて、自分でも惚《ほ》れ惚《ぼ》れする美しさでした。

やがて、鉄道で移動しなくても、全国各地の駅弁を、デパートの催事場で買える時代がやってきました。車窓から移ろいゆく風景があってこその駅弁とも思っていましたが、全国駅弁大会が開かれるたび、新宿の百貨店には何度も足を運んでしまいました。

時は流れ、コンビニの廉価《れんか》なお弁当の進出に押され、駅弁業者は苦戦していると聞きます。確かに、コンビニのお弁当と比べると、異常に高く感じてしまう昨今の駅弁。曲者《くせもの》なのは、もう実際に駅弁として売られていないのに、昔の看板で出ていますといった業者が、催事場でしか実演しない似非《えせ》駅弁を販売しているケースが多くなってしまったこと。上蓋《うわぶた》が閉まりきらないほどの、イクラやカニをてんこ盛りにした海産物系のあれなどは、一般には人気でも、鉄道オタクから見ると何だそれ、といった感じです。

仕事で宇都宮に行った際、駅の構内で「餃子弁当」なるものが売られていました。箱が四角ではなく、半円形の餃子型で、女の子のような餃子のキャラクターが描かれた赤い掛紙、赤い紐だったと記憶しています。

宇都宮駅に到着して、さぁ、これから仕事（サンタクロース）という時に買うものでもないし、かと言って帰りに買って車内で食べるかと言っても、直前に美味しい焼きたての餃子をさんざん食べてしまっています。餃子七個入りで八百円という値段設定も、だいぶ割高に感じました。実際、何度も買うチャンスに遭遇していたのに、今回でなくてまた今度、次回こそと、いつ訪れても「餃子駅弁」の前はスルーしてました。

それが、いつの間にか消えてなくなってしまいました。

宇都宮こそ日本一の餃子の街とか言っているのに、です。その印籠《いんろう》は浜松に渡してしまったとでも言うのでしょうか。元は、テレビのバラエティー番組から誕生した「餃子弁当」だったそうですが、しっかり地元の魂が込められた新企画として、これからの宇都宮の餃子像を象徴するような、餃子ヴィーナス型容器の「新餃子弁当」の誕生を望みたいもの。

これほど、野菜とか肉ではなく、話題になる材料が山のように揃《そろ》っていながら、撤退してしまったあとを埋めない、盛り上げないというのは、駅弁利権とか絡《から》んでいるからなのでしょうか。大人の事情でなかなか踏み込めない何かが存在するというのでしたら、「餃子駅弁」のことは、私としても、きれいさっぱり忘れようと思うので餃子います。

ANAダイヤモンドメンバー専用海老餃子

私がいったい何のために、頻繁に飛行機に乗っているかを話し出すと、それだけで丸々一冊の本になりかねませんので、ここではざっくりとした流れしかお話しできませんことを、最初にお断りしておきます。申し訳餃子いません。(『パラダイス山元の飛行機の乗り方』参照)

羽田空港の国際線ターミナルが新しくオープンしたその夜、顔見知りの方から「パラダイスさん、お久しぶり。スウィートラウンジの餃子が美味しいですよ」という、私にとっては、十分すぎる文字数で、かつ漏れのない完璧《かんぺき》な情報のメールが送られてきました。送信者も、そのあたりの事情はよくわかっています。

新しい国際線ターミナルビルの中には、寿司、そば、焼鳥、おでん、天ぷら、すき焼きと日本を意識した店舗の他、イタリアン、フレンチ、中華、さらには焼肉店までオープンしていました。「江戸前横丁」とか「江戸小路」などと名付けられた、わざと狭くつくった通路沿いに、それぞれ趣向を凝らした店構えが建ち並びます。

いかにも「うちは量より質ですわよ」と言わんばかりの高級感が、テレビのニュースからもひしひしと伝わってきました。

旅行客以外の、もっぱら見学者の利用が今でも相当多いらしいのですが、私はたぶんその魅力的な空間で食事をすることはないと思いました。その理由ですか？

「だって、もったいないんだもん」

同じ飛行機に乗って、同じクラスのシートに座っても、はっきりと身分が区別されていることに読者の皆さまはお気付きでしょうか。江戸時代の士農工商でもあるまいに、身分差別だなんてこの世に存在しないでしょうと思われるかもしれませんが、このような喩《たと》えで、ご理解頂けますでしょうか。

韓国ソウル往復、普通運賃十五万二百円也を払って、エコノミー席に座っている乗客の横に、H.I.S.で燃油サーチャージ込みで一万九千八百円、ソウル二泊三日、空港送迎付きの激安ツアーに参加した客が座っていたりしても、驚くことではありません。

保安検査場通過後、前者がANA FESTAで生ビール七百円とおつまみを購入して、搭乗口付近の長椅子《ながいす》で搭乗開始までじっと待っている間、後者はエスカレーターで最上階のスウィートラウンジへ。広々としたシャワールームで汗を流したあと、飛行機が見える落ちついた照明の窓際《まどぎわ》で、ゆったりとリクライニングチェアに腰をおろして、オットマンに足を伸ばし、凝ったオードブルや江戸前寿司をつまみながら、優雅に出発時間までシャンパングラスを傾ける。ワインも生ビールも注ぎ放題。搭乗直前に、温かいかき揚げうどんか、穴子天丼《てんどん》でも入れて、機内でぐっすり休むこともできます。それらサービスの数々、**すべて無料。H.I.S.の激安ツアーに参加した客の方が**、です。

顔見知りは、そのスウィートラウンジから、私にメールを送ってきていました。二〇一〇年十月三十一日、羽田からロサンゼルスへ向かう初の国際線定期便の予約をすぐさま入れることにしました。ロサンゼルスへ行く用事があるわけでもなければ、飛行機オタクのようにどうしても初便に乗りたかったというわけでもなく、初就航の記念セレモニーに登場する**押切もえちゃんに一目会いたい**ためでもありません。結果的には、彼女に搭乗口で「いってらっしゃ〜い」と声をかけて頂いて、しっかり**握手まで**してもらったのですが……。

私は純粋に、スウィートラウンジで供される餃子を食べたかっただけなのです。

ロサンゼルス行きの定期便就航初日は、他にもシンガポール行きなど、多くの初便が飛ぶ日でしたので、さぞかしラウンジは混み合っているだろうと予想して、早めに出かけたのですが、さすがはスウィートラウンジ。人口密度は著しく低く、食事中のナイフとフォークの触れ合う音だけが、静寂な空間に響き渡っていました。ダイニングルームに、料理はざっと数えて五十品。ホットミール専用の料理台には、肉料理、魚料理、煮物、温野菜などが、美しく並んでいます。高級ホテルのバイキングといった感じです。寸胴鍋《ずんどうなべ》には、ライバル社のラウンジより具だくさんと評判のチキンカレー。そして隅には、お目当ての餃子が入っているであろう蒸籠《せいろ》が積まれていました。

蓋を開けると、蒸気がふわーっと舞い上がり、透明感のある薄皮の中から、具の海老《えび》が透けて見えます。最上級のダイヤモンドメンバーしか口にできない、まるで翡翠《ひすい》のような海老餃子。繊細に折られたヒダの舌触りと、米粉を多用した、ぷるるんとした弾力のある皮の食感に舌鼓《したつづみ》を打っていると、二〇一〇年の一月から十二月の一年間、航空会社が規定したカウント方法で十万プレミアムポイント（注：十万マイルではありません）以上を集め、別段用もないのに沖縄や、シンガポール行きに搭乗しては、空港から一歩も出ないでそのまま帰ってきた自分の行動は正しかったのだと思わずにはいられません。

羽田から初の国際線定期便が就航、空の歴史が新たにどうしたこうしたとかには、関心が薄れてしまったと言うか、ほとんど興味の対象外になってしまいました。それよりも、この餃子を自力で、来年度も口にすることができるのかどうか、不安がよぎります。二〇一一年十月三十一日現在、プレミアムポイントは九一八六四ポイント。「あと八一三六ポイントで来年度ダイヤモンドサービス基準に到達します」という励ましメールもANAからきました。しょうがないので、明日、羽田・岡山間を、普通運賃で新型機七八七に乗って往復してきます。

顔見知りと書きました。先方は、私のことをある程度知っていることでしょうが、私の方は未《いま》だに本名さえ知りません。存じ上げているのは、ソーシャルネットワークサービスのハンドルネームと、交換したメアドのみ。一昨年、何度も同じ便の機内で一緒になり、そのうち言葉を交わすようになった方です。それは、やっぱりただの顔見知りでしょう。そういう我々は「修行僧」と呼ばれているので餃子います。

醤油差しの章

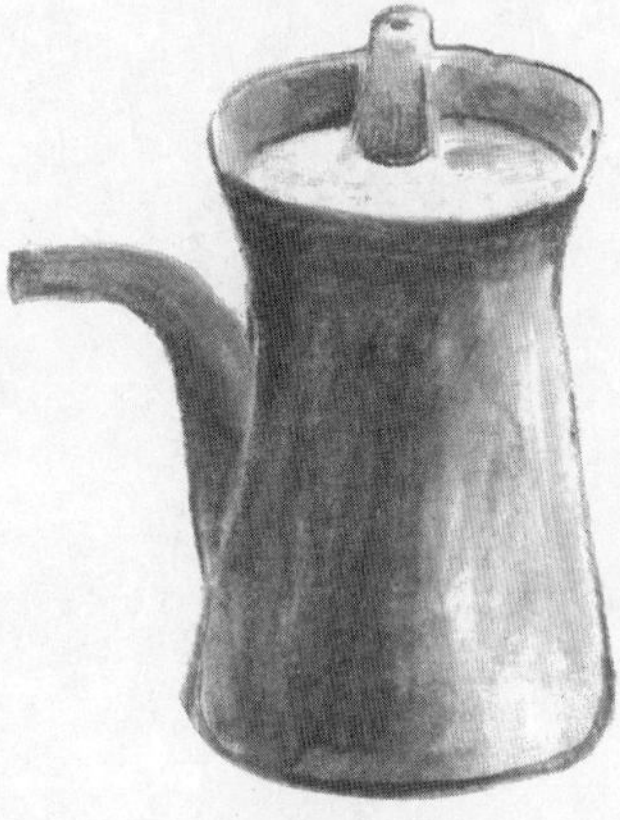

餃子によく合うマンボ

餃子《ぎょうざ》を楽しむ環境づくりに、お箸《はし》、小皿、醤油差しなどが重要なのはもちろんですが、リラックスして餃子を頰張るのに適した、音楽の存在も忘れてはなりません。

先に述べておきますが、私が最も敬遠するお店は、「ありふれたポップスを琴で演奏している有線」が流れっぱなしの日本料理店。寿司、そば、天ぷら、うなぎ、しゃぶしゃぶなど食べに行って、ビートルズのイエスタデイとかが、琴でしみじみとやられていただけで、即退散します。琴の音色が嫌いなわけではありません。このBGMこそが、うちの料理にぴったりのセレクトだと信じて疑わない、店のオーナーのセンスについていけません。餃子屋で、中国音階の民謡が耳をつくように流れているのも、食欲を著しく減退させます。

私が住んでいる中央線沿線では、このところ新しい餃子屋が何軒も誕生しているのですが、そこにはなぜか共通点があります。モダンジャズが、会話の邪魔になるくらいのボリュームで流れているのです。アート・ペッパー、クリフォード・ブラウン、ドナルド・バードと、渋過ぎるブルーノート・レーベルのナンバーが流れているのは嫌いじゃないのですが、そこには「なぜ餃子とジャズなのか」という説明がありません。

トイレの手前の壁にソニー・クラークの「クール・ストラッティン」のジャケットが、額に入れて飾られていたりするのを見つけて、オーナーはよっぽどのジャズ好きが高じて餃子店を始めたんだと認識すればいいというのでしょうか。看板に「ジャズ好きが集う餃子の店」とか、小さくても書かれてあった方が、興味もそそられることとですし、今の時代その方がお客さんが来ると思うのですが。

京成立石《たていし》の餃子店「蘭州《らんしゅう》」で、AMの野球中継が流れているのはよしとしましょう。試合の流れで、店主の機嫌がよくなったり悪くなったりするのは微笑《ほほえ》ましいものです。

会員制餃子「蔓餃苑」の苑内では、来訪する餃子会員たちの望むと望まざるとにかかわらず、ひたすらマンボが流れています。マンボの王様ティト・プエンテが来日した際は、マンボを聴きながら、一緒に餃子を食べました。では、マンボが餃子に一番合っているのかどうかと詰問《きつもん》されても、お答えいたしかねるので餃子います。

可視化ニーズが高まる冷凍餃子

冷凍餃子は召し上がったことありますか? 自分で包んだ手づくり餃子が一番美味《お》しいと思っている私でさえ、週末にスーパーの冷凍食品五割引セールの棚の前を通ると、お弁当のおかずの揚げ物やらと一緒に餃子の袋をカゴに入れてしまいます。もしかして、無意識のうちに入れている場合もあるんじゃないかというほど。あれこれいろんなメーカーの冷凍餃子を買ってしまっていることもしばしば。冷凍餃子のパッケージのほとんどが赤っぽいベース色に、美味しそうな焼き目が付いた餃子を並べていて、そのうちの一個を箸でつまんでいる「参考調理例」の写真という暗黙の決まりがあります。もしかして「餃政」を司《つかさど》るどこぞの権力者が、こうしろあーしろと指導しているのかもしれません。それくらい似たり寄ったりのデザインです。そうなってくると全品五割引の場合、何を手がかりに買ったらいいのか誰もが売場で悩むことになります。「八年連続冷凍餃子売り上げナンバー1」なのか、「誰でも簡単に焼ける羽根つき餃子」なのか、「国産原料一〇〇%使用」で選ぶべきなのか。社名と餃子の文字の間の、わずかに残された隙間《すきま》に書かれたキャッチコピーで判断するしかないのです。

冷凍餃子の話題をあえてこの本で取り上げるのは、ここ十年でとてつもない進化を遂げているという理由からです。たかが冷凍食品と思われるかもしれませんが、昨今の新商品を口にしたとたん、これは！　と驚かれることと思います。

冷凍食品の中身って、どんなものがどんな状態で入っているのか、もの凄《すご》く気になりませんか？

実は、あの忌《い》まわしい中国製の毒入り冷凍餃子事件が起きる一年前のこと。『餃子のス、メ』を書くためにあれこれ取材をしていたところ、どうしても行ってみたい場所が浮上してきました。市販の冷凍餃子をほぼ全種類食べ尽くしてみて、一番美味しかった味の素冷凍食品の「黒豚肉餃子」（製造終了品）の開発が、どんな人の手によってなされているのか、話を聞きたくなったのです。この商品の凄いところは、味はもちろん豚肉の挽《ひ》き方、野菜の大きさに至るまで、廉価《れんか》なレギュラー商品とは完全に差別化されている点にあり、パラダイス家の食卓に黙って出したところ、誰も冷凍食品だと気づかずに完食。即座に、これは餃界革命だと私は直感しました。

「冷凍食品の製造現場って、いろいろ機密があって、そう簡単には見学させてもらえないんじゃないかな」と、編集者は懸念していたのですが、本社へ電話、担当部署につないでもらったところ「そういうことであれば、いつでもどうぞ」とご快諾頂きました。

冷凍餃子の何がそんなに知りたいのかと言われれば、中身の原材料をとにかくこの目で確かめたい、どういう工程でつくられていくのか、ということに尽きます。パッケージには「参考調理例」の写真だけで、裏面には材料、成分表示しかありません。国産キャベツはどの程度のものを使っているのか？　豚肉はどんな部位？と、担当者から嫌がられそうな質問を用意して工場見学に臨みました。

工場の中に入るには、まず全身を覆《おお》う専用の服に着替え、靴も履き替えなければなりません。クリーンルームを通過後、さらに何重もの衛生管理規定に基づいてチェックを受け、ようやく生産ラインにたどり着くことができます。

トラックで契約農場から直送されてきたばかりのキャベツ、タマネギは、そのまま広尾の高級スーパーの野菜コーナーに並んでいそうなくらいの上物。野菜には傷ひとつありません。豚肉は、そのままトンカツか、角煮にして食べたくなるほど新鮮な赤身でした。それらの材料を見ただけで「ああっ、自分はなんでこんなにも疑い深い人間だったんだろう」と思わず萎縮《いしゅく》してしまいました。パッケージにあった「厳選された国産材料」に偽りはありませんでした。

運ばれてきたキャベツは、もったいないくらい外側の葉をむしり取られ、一個ずつ包丁を使った手作業で四等分され、中の芯《しん》もきれいに取り除かれます。洗浄ライン以降も、徹底した衛生管理のもとでつくられていきます。ラインの途中何箇所かに、異物が混入していないかを検査する金属探知機さえありました。特許だらけで写真撮影不可だった餃子を包むロボットや、フライパンに油を引かずに直接餃子を並べるだけで上手に焼ける、ある秘密の工程なども、じっくりと観察してまいりました。

製造工程を見終わって、生産ラインそのものを見学ラインにして可視化した方が、より多くの消費者の支持が得られるであろうと確信しました。昨今流行している「大人の社会科見学」で、冷凍餃子工場に来られることが可能になったら、どんな業種の工場も押さえて、間違いなく人気ナンバーワンの見学コースになることでしょう。見学コースのメ《しめ》は、もちろんお楽しみの試食。つくりたての餃子をパリパリと音を立てて頂く餃子パーリーなんて最高ですね。どうかご検討よろしくお願いします。

さて、肝心の開発部門の担当者ともお会いできたのですが、ごくごく普通の家庭の主婦と、餃子好きの好青年のたった二人だけで黙々と開発に勤《いそ》しんでいらっしゃいました。何十人ごとのチームに分かれて、慌《あわ》ただしくいくつもの試作品を、つくっては凍らせ調理してと繰り返し、大勢の人がそれを試食しモニターする。壮大なスケールの絵が、勝手に私の頭の中に出来上がっていたため、ちょっと拍子抜けしてしまいました。

子どもがいる家庭の主婦目線という点では、彼女をおいてありえないだろう人材とお見受けいたしました。バラエティー番組に出てくる、チャラいお料理コーディネーターたちとは一線を画しています。「誰が食べても美味しい餃子」という、哲学的な目標に向かって、日々努力されていました。少なくとも定番の「ギョーザ」は、発売以降右肩上がりの伸びで、大袈裟《おおげさ》なマイナーチェンジの必要性がほとんどないそうです。「黒豚肉餃子」の開発者いわく、冷凍食品の勝敗は、結局のところ場所の取り合いだというのです。冷凍食品売場の棚という限られたスペースの中での陣地争いに勝ち抜くためにはどうしたらよいか。商品の中身の重要性はもちろんのことですが、売場に並んだ時のビジュアルで勝負が決まってしまうのだそうです。オモテのパッケージは他社の動向に合わせて、たとえ定番の品であっても、しょっちゅうデザインを変えなければいけないそうです。各社とも、似たり寄ったりのパッケージでいいものかと質問したところ「うちはいつも真似《まね》される側なんです」とのこと。マイナス十八度のパッケージバトルにも、今後スーパーへ行くたびに注目です。

研究フロアの一角には「官能評価室」という小部屋がありました。部屋の入口のプレートを見た瞬間、宇能鴻一郎《うのこういちろう》の世界かとワクワクしましたが見当ハズレも甚だしかったです。試作された餃子が運ばれていっては、何やら密《ひそ》かにジャッジが下されるそうなのですが、そこは秘密の餃園、関係者以外絶対立入禁止でした。実のところ、研究施設の中で、ここが一番見たかったところでしたね。う〜ん拝見したかった♡

これまで私が口にしてきた冷凍餃子の中で、調理方法の簡便さ、焼き具合、食感、味とほとんどのチェック項目で高評価だった、味の素冷凍食品「黒豚肉餃子」の復活登場を、ここは切に希望するので餃子います。

クリスマスに餃子

不況で、デフレで、あれこれ不安要素が拭《ぬぐ》いきれない今の日本で、庶民の一番好きな言葉は「半額」と「五十パーセントオフ」。いや「無料」が一番好きに決まっていますね。

しかし、どうしてこうなってしまったのか、餃子は人気モノだからなのか、それともいじめられっこなのか、とかく半額とか無料のターゲットになりやすい存在なのです。ラーメンを食べた人に次回から使える「餃子一皿百円券」を配ったり、毎週土曜日は「餃子半額デー」などと、年がら年中割引されまくっています。そうは言っても、そんなのヤメろ、**餃権蹂躪《じゅうりん》**だ！ などと騒ぐ人はおりませんね。街を歩いていると、年がら年中、いたるところで餃子のサービスデーという表示を目にしますが、「餃子の日」は、未だ制定されていないようです。

中国では、ところによって二月三日の旧正月に餃子を包んで食べる習慣があるそうです。上海《シャンハイ》出身の歌手ａｍｉｎ（巫慧敏《ウーフェイミン》）さんから聞きました。日本人のおせちやお雑煮と同様、春節には家族みんなで、餃子をつくって食べる。ぜひ、お呼ばれしたいものです。

ところで、旧正月、クリスマスを、連続して餃子でお祝いしている国に行ってきました。私が、国際公認サンタクロースの寄り合いで、中央アジアのキルギスへ二月に招かれた時のこと。クリスマスが終わって一カ月ちょっとで、またサンタクロースの衣装を着て飛行機に乗らなければならないのかと、半ばヤケ気味で出かけてみると、首都ビシュケクの街全体はクリスマスムード一色。どうやら前年の十一月くらいからずっと飾り付けられていたものが、まだそのままになっているらしいのですが、とにかく二月に入ってもクリスマスなのです。

使われている言語は、キルギス語かロシア語なのですが、顔はほとんど日本人と一緒です。そんな訳で、どこへ行っても大歓迎されてしまいました。「キルギス人と日本人は、元々、兄弟だったんだ。肉が好きな者は、この地でキルギス人となり、魚が好きな者は東に渡って日本人になった」という、この地で有名らしい伝説を、何度も耳にしました。どこか日本神話の「海幸彦と山幸彦」に似てるような気もしますが、目を瞑《つぶ》りましょう。

日本ではあまり馴染《なじ》みのない国かもしれませんが、街中を走っているトロリーバスのボディには日の丸がペイントされていて「日本からのプレゼントです」などと書かれており、我が国は長年地道に援助を続け、親日派工作を積み重ねてきているみたいです。

スウェーデン、デンマーク、ノルウェー、カナダ、アメリカ、そして日本からの公認サンタクロース六人が案内された会場は、さながら餃子フェスティバル。もちっとした皮の水餃子が、テーブルいっぱいに並んでいます。羊肉が入っている餃子もあれば、豚肉も、鶏肉もあります。遊牧民としての歴史があり、七十年にわたるソ連時代に、ロシアの文化の影響を受けています。イスラム教徒も多く、中国やモンゴルの伝統的な遊牧民の料理が混ざっています。湖面の標高が千六百メートルの巨大な湖、イシク湖で獲《と》れた魚の干物を使い、スープの中に浮かべた水餃子というのもありました。

キルギスの家庭ではあまり一般的ではないとのことですが、日本からわざわざやって来た公認サンタクロースをおもてなしということで、特別に焼き餃子をつくってもらいました。なんていい人達なんでしょう。家庭でも、家族の絆《きずな》を確かめるように、皆で餃子を包むのだそうです。少なくとも、クリスマスにフライドチキンではないようです。

クリスマスに餃子、サンタクロースと餃子って、私そのものではありませんか。

○○キング入り焼餃子誕生秘話

これまで、まったくどこにも存在しなかった餃子を創造しなければ意味がないと、自分自身に言い聞かせてこれまでつくり続けてきた餃子の数々。自動車会社に勤務していた時、クリエイターでありながら、所詮《しょせん》インハウスのカーデザイナーという身分。与えられた仕事を忠実にこなしていかなければならない統制された環境に、どうにもこうにも圧迫感を感じて、その反動から勢いで誕生させたのが、マンボボーイズであり、マン盆栽であり、マイ入浴剤であり、マイ餃子なのでした。

新しいものは、白くまっさらな感覚や、澄み切った透明の空間で突如誕生するものではないと、経験上理解していました。追い込まれて身動きがまったく取れなくなった場合や、手も足も出せなくなった時、頭の中が何色もの泥絵の具でぐちゃぐちゃになってしまった逆境の真っ只中などで、本当に偶然にしか見つけられない鉱脈のようなものだと思っていました。

世の中のほとんど全《すべ》ての事象が、既に記号化されつくしている中で、これまで誰もやったことがないとか、つくったことがないものを創造するというのは大変難しいことです。私自身が手がけていたクルマを例にとるなら、モーターショーでどんなに新しいデザインのモデルが発表されたところで、どこかで見たあのクルマに近いとか、このクルマはあのクラス、こちらのカテゴリーに属するなどと、瞬時に評価、分類されてしまいます。ほんの少しでもボディラインやカーブが似ていようものなら、世界中から**猿真似メーカー**呼ばわりされてしまいます。こういった状況ですから、ここ何十年間は、既に開発され尽くしてしまった感のあるカースタイリングの隙間をついたデザインを探し当てることこそが、第一線で活躍するカーデザイナーに求められている仕事ということになります。

当時、美大卒で自動車会社にカーデザイナーとして就職するというのは花形でした。それが今では、掘り尽くして涸《か》れてしまった金山を、落盤覚悟でなおも掘り進めていく過酷な鉱山労働に近いものを感じます。

そういった仕事に従事していると、まったく別のジャンルで何か新しいものを求めて彷徨《さまよ》っていってしまう人が出てくるものです。その典型が私のような人間なのですが、同業他社にも、ジャンルは違えどそのような輩《やから》は結構おりました。マルチまがい商法に手を染める人、新興宗教に入信したりする人などなど。私がたまたまそういった方面に疎《うと》かったため関わらなくて済んだものの、実際にセミナーとかいうイベントにのこのこと出かけていたら、そこから信者を引き連れて分派、今頃は教祖様とかになっていたかもしれません。名前は同じ蔓餃苑だったかもしれませんが……。

話がおもいっきり横道に逸《そ》れてしまいましたが、どこにも存在しない餃子をつくるきっかけやヒントというのは、意外な場所に潜《ひそ》んでいたりするものです。

蔓餃苑の「〇〇キング入り焼餃子」は、香港のホテルに泊った際、クーラーで喉《のど》がやられてしまい、直後に本格的な薬膳《やくぜん》料理を無理やり食べたところ、翌日には完治してしまったというお話が序章。帰国して数日後、とある接待で銀座の高級クラブに行った際、一番奥のテーブル上に、幻と言われる焼酎《しょうちゅう》の瓶とともに、金色に輝く小箱がお行儀よく何箱も並んでいるのが目に留まりました。

ホステスが、金色の小箱の横っ腹を親指で押しパカッと開けると、中からまたしても金色に輝くラベルの小瓶が出てきました。取っ手付きの耐熱グラスの中に、小瓶の中の黒っぽい液体と幻の焼酎とが一緒に注がれ、お湯割りにされていました。

「いったいアレは何なのよ？　ボクも飲みたい」と、隣のホステスに告げると、いかにも困ったような顔つきで「アレは特別なの。うちのメニューにはないものなの。お客さまの持ち込みなのよ、ごめんなさいね」などと宣《のたま》う。そう言われれば、ますます飲みたくなるというもの。クレヨンしんちゃんのように「飲みたい飲みたい飲みたい……」としつこくダダをこね続けると、たしなめるように「じゃあ、あちらのお客さまがお帰りになってからね」。

「会長様お帰りでーす」

そうか社長ではなく、会長なんだ……。一行が帰ると、隣にいたホステスは、奥のテーブルから金色の箱と焼酎を持ってきて、人差し指を横に振りながらウインクして「ト・ク・ベ・ツ・よ！」などと、何とも恩着せがましいのが、いちいち腹立たしいです。場慣れしていないせいもありますが。

湯気が立つそれを静かに口に含んで仰天。香港で食べた薬膳料理と同じ香りがしました。外箱を見てみると、肉従蓉《ニクジュヨウ》、鹿茸《ロクジョウ》、蛇床子《ジャショウシ》、冬虫夏草《トウチュウカソウ》、甘草《カンゾウ》と、確かにメニューの最初に書いてあった成分といろいろとかぶっているのです。

こ、これは**使える！**　翌日から、中華鍋を振るいまくり、入れまくってみました。

八宝菜、酢豚、干焼蝦仁《カンシャオシャーレン》、青椒肉絲《チンジャオロースー》といろいろ試してみたところ、入れたものと入れなかったものを比較して、味に一番差がついたのが麻婆豆腐、そして餃子でした。投入する量にもよりますが、隠し味ではなく、完全にオモテ味になっています。そんな言い方があるかどうかは知りませんけど。甘いだけではなく、薬草特有の自己主張の強い風味は、どんな調味料でも代用は利《き》かないでしょう。

香港のホテルのクーラーがぶっ壊れていたおかげで、食べたかった海老雲呑麺《ワンタン》を諦《あきら》め、気が進まないまま連れて行かれた薬膳料理から導かれた「〇〇キング入り焼餃子」誕生秘話。たったの五十ミリリットルで二千円もする調味料なんて他にありません。どんなにいい肉や野菜を使っても、餃子一皿二千円分の材料を揃《そろ》えるのは無理です。他メーカー同価格帯の商品も試しましたが、とんでもなく薬臭くて食べられなかったりと結果はさんざんでした。十七種の生薬と、タウリン、ビタミンが味の決め手です。

ところで、あの会長とはいったいどこの会長だったので餃子いましょうかね？

義務餃育のスゝメ

子どもが回転寿司を食べたいだの、安価な食べ放題に行きたいとか言うようになってしまった責任は、全て自分にあると思います。もうおやめになったようですが、「食育」とか大上段に振りかざしていた政治家が、なんやかんやと宣《のたも》うておられましたが、とにかく食育は大事なんだということは、私も常に感じています。日本の義務教育の間違っているところを探せばキリがありませんが、なぜこれを教えない、いつやるの、今でしょ、ということが三つほどあります。

理科の時間に「盆栽」、家庭科の時間に「餃子」、道徳の時間に「正しいクリスマスの過ごし方」をきちんと教えることです。すみません、私、どれにも何らかの形で関与しておりますが、気にしないでください。

盆栽は、世界中で「ＢＯＮＳＡＩ」「ＢＯＮＺＡＩ」などと呼ばれ、日本の文化としてしっかり定着しています。日本人なら誰でも盆栽のひとつやふたつたしなんでいて当然と思われています。海外で放送されている日本のアニメの影響は絶大で、サザエさんの波平、ちびまる子ちゃんの友蔵、ドラえもんで盆栽鉢をガチャーンとやられて、のび太を叱《しか》りつける神成《かみなり》さんと共に、日本の伝統文化、盆栽は、常に世界に発信され続けています。しかし、日本ではほとんど誰も盆栽なんか育てていません。リタイアしたおじいちゃんの趣味のようにさえ思われています。小学校で、朝顔、ミニトマト、ゴーヤとひととおり育てたら、もうそれで植物に触れる機会はなくなります。おかしな話です。

さて、餃子の話でした。餃子は、食べる側からしてみると、単純な料理と思われがちですが、刻む、練る、延ばす、包む、焼くと、その工程はフランス料理よりもはるかに複雑です。餃子の調理実習を勧める理由は、料理のひととおりの手順をきちんと学べるという点にあります。包む作業には、各人の個性が出るので、人間の多様性を理解するきっかけにもなります。焼き上がったあとは、もちろん楽しい餃子パーリーが待っています。なぜ、やらないのですか。

隣国の義務教育で「我々の発明品」などと主張され、歴史を歪曲《わいきょく》した洗脳授業が今後行われないとも限りません。そうなる前に、一刻も早く日本で「義務餃育」の実践をお願いしたいので餃子います。

出張蔓餃苑、餃育実習

お腹は減ったけど「蔓餃苑」はいつ開くかわからないし（年中平常休業）、わざわざ電車に乗って隣町の「餃子の王将」へ食べに行くのも面倒くさい。かといって冷凍餃子は昨日も食べたし「うーん、もっともっと美味しい餃子が食べたーい！」とお嘆きのみなさま、お待たせいたしました。会員制高級紳士餃子店「蔓餃苑」の餃子フルコースを、国内はもとより世界中どこでも、目の前で包み、焼きたてを召し上がって頂く「出張蔓餃苑」について、ご案内させて頂きます。**苑主自らがお宅にお伺いして調理するサービスです。**

蔓餃苑のルーツを遡《さかのぼ》ると、お花見の宴席でカセットコンロで焼いて振る舞っていたのがそもそもの始まりでした。満開の桜の木の下で、私は、一人黙々と餃子を包んでいました。参加者が揃ったところでフライパンの上に並べられ、ゴマ油の香りとともに、ジュワーッ、パチパチと焼かれる音がそこらじゅうに響き渡ります。焼き上がって大皿に盛られた瞬間、炸裂《さくれつ》するカメラのフラッシュに写メの嵐《あらし》、そして大歓声。餃子とビールの最高のタッグに酔いしれていると、やがてまわりの見ず知らずの花見客が、一升瓶を脇《わき》に抱えて「その餃子とコレ取り替えっこしません？」と、行列になってしまいました。

「来年も来られますか？」

餃子との交換レートは、こちらが望んでるわけでもないのに年々エスカレートしていきました。森伊蔵、魔王、村尾、ドンペリニヨンと、お花見会場の一角は名酒博覧会と言うより、餃子先物取引市場の様相を呈していました。

「寿司の出前も、ピザのデリバリーも、小洒落《こじゃれ》たなんちゃらシェフのケータリングも、もう何もかんも飽きた！」という巣ごもり派。謝恩パーティ、お誕生日会に何としても秘策を！　と焦《あせ》っている方。離島を含む日本国内全域、紛争地域を除く世界中どこへでも出張いたします。出張蔓餃苑は、餃子会員でなくてもお申し込み頂けます。

長年にわたり餃育の必要性を説いて、実践してまいりました。小・中・高、大学、専門学校での「餃育実習」、企業、商工会でのセミナー、講演のご依頼も餃ぞ。

ギョウザドッグ

こう切り出すと意外と思われてしまうのですが、私は大のディズニーおたく。夢と魔法の国、東京ディズニーリゾートのステージショーや、大型のアトラクションはもちろん、きめ細かな演出、ホスピタリティーには、インパするたび興奮してしまいます。

インパとは、入園するという意味の in park が略されたディズニー通の俗語です。好きなキャラクターは、不思議の国のアリスに登場する、赤い帽子をかぶったトゥイードル・ディーとダムです。他人とは思えません。パーク内で、お腹を突き合わせてボンボンやっている二人に遭遇すると、必ず一緒に写真を撮ってしまいます。真ん中に挟まれて撮ると、こんな私でもたいへんスマートに写るのです。

年間パスポートを更新し続けているうち、見事なまでのオペレーションの裏側を、つい知りたくなってしまいました。しかし、十何年にわたって、子どもと一緒に脳内に築き上げてきたせっかくの夢を、自分でぶち壊すようなことしてもなぁ～という結論から、いまだに大面接会場には行ってません。その代わり、あんなことやそんなことなどしているのですが、ここでは申し上げるわけにはまいりませんの、ホッホッホー。シニア採用の基準に達したら履歴書なしでOKですから、行ってみますかね。

一度でも行かれたことがある方はご存じかと思いますが、東京ディズニーシーのシンボル、プロメテウス火山一帯のミステリアスアイランドには、センター・オブ・ジ・アースや、海底2万マイルといった大型のアトラクションがあります。センター・オブ・ジ・アースは、六人乗りの地底走行車が、地底探検の末、巨大な怪物に襲われそうになるというアトラクション。火山の噴火が始まり、溶岩の圧力に押し上げられて急上昇、噴火口から吐き出され落下、無事帰還するという内容です。

乗員に安堵《あんど》の表情が浮かび、再び外の空気を吸う瞬間が訪れます。その軌道の真下に、東京ディズニーシーで、一番人気の食べるアトラクション「ギョウザドッグ」を提供するリフレッシュメント・ステーションがあります。行ったことがない人には、この十分過ぎるほどリアルな説明でも、何が何だかさっぱりですよね。是非一度インパしてみてください。

このお店こそ、世界で最も行列の絶えない餃子店と断言していいでしょう。マーメイドラグーンにつながる崖《がけ》っぷちの道に、冬場のオフシーズンでさえ、どんなに少なくても三十人。夏休み期間中は百人を超えることも珍しくありません。

本当にそこ餃子店？と思われる方もいらっしゃるでしょうが、こちらで販売されている唯一《ゆいいつ》のメニュー「ギョウザドッグ」は、れっきとした餃子のカテゴリーに入ります。と言うより、**餃子比較マトリックスの右上**あたりに燦然《さんぜん》と輝く餃子界のプリンセスです。

海底2万マイルの探索や調査で忙しく働くクルーたちのため、簡単に空腹を満たせるようにつくられたというバックストーリーも完璧《かんぺき》。要は、**船員たちの賄《まかな》い**が起源ということのようです。なるほど。で、肝心の中身ですが、中華まんタイプの細長い生地の中に**まるまる餃子が一個**どかんと入っています。餃子風のものとか、餃子の具のようなものが入っているというのではありません。餃子**そのもの**が入ってしまっているのです。

少し離れていますが、パーク内のポートディスカバリーにある、シーサイドスナックというお店には、具材としてエビ・豚肉・イカを入れた、浮き輪のカタチをした「うきわまん」が売られていますが、これは餃子ではありません。中華まんに分類されるものです。

「ギョウザドッグ」の製法上の特徴は、一般的な肉まんと違い、中に入った皮で餡《あん》が包まれていることです。これにより、汁気が外へ染《し》み出ていくのを防ぎ、頬張った瞬間、肉汁を感じることができるのです。周りの生地も、強力粉と薄力粉の絶妙な配分でふわふわ、しっとり。

ひときわ目を引くのが、その上部の綴《と》じしろです。完全な手作業により、ひとつひとつ丁寧に綴じられています。平均的な数として十五〜十六。極まれに、二十近くあるものに遭遇しますが、それはマニュアル以上に丁寧につくった証拠。今日は何かイイことありそう〜ラッキーと思って間違いありません。

サイズも大きめなので、アトラクション優先で回られている方には、約二十分待つ覚悟さえあればですが、お薦めでしょう。寒い真冬にマッチしたメニューとも言えますね。

東京ディズニーシーが誕生してまもなく、この「ギョウザドッグ」を真似た商品が巷《ちまた》に溢《あふ》れたことがありました。餃子と名のつくもの、一度目に入ってしまうと素通りするわけにはまいりませんので、仕方なく買って食べました。

二〇一〇年新装オープンした常磐自動車道の友部サービスエリアでは、東京ディズニーシーの「ギョウザドッグ」をほぼ完全に再現したものが販売されています。中身も、外側の綴じしろもソックリです。「中に入っている餃子の皮は何でできているのですか?」と調理場のおばちゃんに聞いたら、「冷凍のヤツをただ蒸しているだけだからわかんないけど、湯葉か何かじゃないのー」だそうです。餃子ドッグの販売は日中のみです。

衝撃的だったのは、東北自動車道、大谷パーキングエリアで売られている「餃子ドッグ」。何の変哲もないコッペパンに切れ目が入り、その中にレタスと餃子三個が直列で並び、上からとろみがかったピリ辛ソースが、これでもかこれでもかとかかっています。まぁ、餃子ドッグには違いないです。むしろ、こちらの方がより餃子ドッグと言えなくもないです。いや、やっぱり正統派の餃子ドッグに限ります。

本家、東京ディズニーシーの「ギョウザドッグ」に関して、『読む餃子』をご覧頂いている方にだけ、プチトク情報を。何も付けなくてもじゅうぶんに美味しい

「ギョウザドッグ」ですが、「お醤油とカラシください」と言うと、袋入りの醤油とカラシを手渡してくれます。言わないと貰えません。それまで誰も貰っていなかったのに、私のその一言で、列の後ろにリクエストが連鎖していく様も、面白いアトラクションなので餃子います。

有名餃子店の世襲問題

贔屓《ひいき》にしていた餃子屋へ久々に出かけ、もの凄くガッカリしてしまいました。

世の中では、様々なところで世襲の弊害が話題になりますが、政治家や大企業ならともかく、個人経営の餃子屋でも起こる問題とは、私はこれまで思ってもみませんでした。

先代の店主は、醬油ベースがポピュラーだった餃子のタレを、独自に味噌ベースでつくり上げ、やがては周辺地域の他店にも広がるブームをつくった方でした。「先代は何ごとも革新的だったけど、二代目はなんだかパッとしないようだ」とは風の便りで私の耳にも入っていました。

二代目の身のこなしは先代よりもずっと軽く、厨房《ちゅうぼう》ではレゲエに合わせて下半身でリズムをとるような動きで、てきぱきと注文をさばいていました。代替わりして、BGMがAMのナイター中継から、iPod接続でのレゲエに変わった時点で、それまで馴染みだった客の足は遠のきました。瓶ビールと日本酒しかなかった飲み物のメニューが、ハイボール、酎ハイ、ベルギービールと格段に増えました。暖簾はそのままで、先代が築き上げたあれこれのスタイルが次々と変わっていくことについて、私は特別何とも思いませんでした。先代と比較すること自体に意味はありませんし「あの二代目ときたら……」と周りのみんながこぞって矮小化《わいしょうか》するのも私はいやでした。

でも、肝心の餃子そのものが変わってしまったとしたら、私とて擁護できなくなってしまいます。あれほど厨房の中で先代と一緒に包んで焼いて、しっかり味の伝承はできていたように見えたのですが、それまで頑固に焼き餃子と水餃子の二種類しかなかったメニューに、シソ入り、トマト入り、チーズ入り、明太子入りが加わり、それに従って包み方も大きく変わりました。**包み方が変わると当然ながら食感も変わります。**基本の二種類だけはそのままにしていてほしかったのですが、とうとうやってしまいました。

元々、**勝ち餃子**ではなく、**引き分け餃子に属する店**でしたが、味噌ダレ、先代のキャラ、ラジオと、昭和の空気感が居心地よかった店でしたのに、このたび惜しくも**負け餃子に。**看板が同じ、跡継ぎが息子ということで、あの餃子を楽しみにはるばる遠くから期待してやって来た客は、まさかの餃子が出てきて撃沈されるので餃子います。

荻窪餃子戦争勃発

私が二十年ほど前から居を構えているJR中央線の荻窪という街は、ラーメン激戦区として有名なところでした。あっさり醤油味、昔ながらのスープが自慢の「東京ラーメン」として、グルメガイド本やテレビに頻繁に取り上げられ、休日ともなると有名店の前には、長蛇の列が出来ていました。

遠方からわざわざ訪ねてきた友人に「どの店が美味しい？」と聞かれたので「そういえば、料理評論家が自分の本で絶賛していたあの店はどうかな」と、私自身入ったことのなかった店でしたが、何気なく、つい店名を口にしてしまいました。しかし、その一言が、そのわずか一時間後、人間関係を崩壊させる危機を招くことになろうとは。

「愛想の欠片《かけら》もない女将《おかみ》から荷物の置き方を注意され、一緒に並んでカウンター席には座れないだのと指示をされ、お冷やのおかわりを頼んだら舌打ちされてしまった」とか、ラーメン以前の「殿さまキングス」ぶりが大炸裂。肝心のラーメンは

「臭かった」というのですから、いくらもの好きな私とて、わざわざ身銭切って同じ目に遭ってこようなどという気は起きません。直後、その店は所得の過少申告、六千万円近くの脱税で摘発。追徴課税されて話題になりました。毎晩、閉店後にこの店のゴミバケツの中から、脱税Gメンが、捨てられた割り箸の数を一本一本数えて、客の数を推定していたなどという噂《うわさ》が広まったほどです。

時代は変わり、ラーメンも多様化し、つけ麵《めん》や、こってり濃いスープが人気になってくると、店の前の行列はなくなり、やがてその店も閉店してしまいました。

そんな、平静を取り戻したかにみえた荻窪に、突如異変が起こりました。**「餃子の王将」**が進出してきたのです。

埼玉を中心に、街道沿いに店舗展開、大型トラックのドライバーから支持を集めている**「餃子の満洲」**が、**ひと足先に比較的広めの路面店で出店した時点で、**これは何かが起こると予想はしていました。正直なところ「大阪王将」か「バーミヤン」が、次に進出するのではと思っていました。（今後、この二店の餃子対決の行方が気になるところ。）「餃子の王将」の強みは、**お店ごとに店長の裁量で、**セットメニューや、キャンペーンなどを打ち出すことが可能な点です。今どきのチェーン店としては、「餃子の王将」のマニュアルは、相当ユルい方だと思います。否定的な見方ではなく、外食チェーン店が失いかけている人間味が溢れていると言っていいでしょう。だから、つい私も「餃子の王将」で「よく焼きで」などと餃子をオーダーするようになったのです。近隣の競合店が、同じようなカタチで臨機応変に対応できるかどうかが、勝敗の分かれ目になるでしょう。因《ちな》みに「餃子の満洲」でも「よく焼き」のオーダーはできます。

荻窪という街の侮《あなど》れないところは、東京のテストマーケティングポイントとしての地位を築いている点です。もともと、駅前に駐車場が少ない土地柄ゆえ、徒歩での来客がどの程度見込めるか、データを取得するための実験店舗というのが、数多く存在しています。カレーチェーン「ＣｏＣｏ壱番屋」の都内進出一号店をはじめ、「吉野家」「すき家」「松屋」の三大牛丼《ぎゅうどん》チェーンの他、しゃぶしゃぶ食べ放題、ピザ食べ放題、フランチャイズのラーメン店の本部と実験店舗など、各業種がバトルを繰り広げています。

ラーメンブームから時代を経て、ついに餃子戦争が勃発《ぼっぱつ》。荻窪を制す餃子が、天下を制す餃子になるので餃子いましょうか。

一餃入魂

「水餃子って、焼き餃子より馴染みがない分、これだ！　という美味しいのに出会ったことないんですよ。パラダイスさんつくってもらえませんか？」

唐突にそう言われてもねぇ、仕込みもあるし、冷蔵庫に入っている食材でちょょっとつくる訳にもいかないし……。どうして、海外生活が長いと、日本人同士でも遠慮を知らなくなるというか、振る舞い方が外国人っぽくなってしまうのでしょう。

一年ぶりにフランスから帰国した、一つ星レストランで修業中の彼とは、とあるバーのカウンターで知り合いになりました。

成田発パリ行きのチェックインの際、「ヤマモト様、本日はあいにく満席に近いご予約を頂戴しておりまして、ご希望されておりました三十七Aの窓側から、お席を通路側に変更させては頂けませんでしょうか」などと言ってくるではありませんか。常日頃、ロングフライトに備え、トイレに行く回数を極力減らしている、エコノミー大好き症候群、窓側原理主義の私に対してなんたる仕打ちと、苦虫を嚙《か》み潰《つぶ》したくなるのをぐっと堪《こら》え「別に構いませんよ」と、無理やり涼しい顔をして答えたところ、「ご協力ありがとうございます。それではお席は通路側の七Dでご用意させて頂きました。お気をつけて、行ってらっしゃいませ」。

泉の精からの「あなたが落としたのは金の斧《おの》ですか、銀の斧ですか」に匹敵する問答でした。意味は全然違いますが、もしも「嫌だ、嫌だ、絶対に窓側じゃなきゃ嫌だ」と駄々をこねていたらどうなっていたことでしょう。そういう訳で、スーパーエコ割往復十四万円のエコノミークラスのチケットの往路が、最低でも片道三十万円以上はするビジネスクラスに変更となりました。

おかげで、前の座席の背まで足が届かないほど無駄に広いスペース、まるで京都の料亭で頂くような多種多様な器に盛りつけられた繊細な懐石料理の数々、肉厚のステーキ、透明なグラスに思わず「キャー、かわいい☆」と言ってみたくなるパフェと、ビジネスクラスならではのサービスを存分に堪能《たんのう》させて頂きました。

トイレに立った際、さらに無駄に広いスペースがあるのを発見してしまいました。

キャビンアテンダントさんたちが慌ただしく行き交うギャレーではありません。二階席の階段付近にワインクーラーで冷やされた赤と白のワイン、おつまみ、チョコレートが潤沢に揃えられた、ビジネスクラス客専用のバーカウンターを見つけたのです。

セルフサービスでワインをグラスに注いでゴクゴク飲み出した私の横に、ソムリエの田崎真也氏がテレビでよくやっているような、顔を横に振りながら何回か香りを確認し、ひとくち含んでクチュクチュやって、喉ごしを確認する若い男性がおりました。

若僧のクセに、ちょーしこきやがって。ビジネスクラスで、なにソムリエごっこやってんだよ。と、口には絶対出せない言葉をココロの中にぐっと留めつつ「この赤ワインは美味しいですか？」と切り出したのは私の方でした。「ええ、美味しいですね。この年はフランス中部は天候不順で、ぶどうの収穫量が少なかったのですが、タンニンもほどよいバランスで……」と始まってしまうではありませんか。この人はマジだな、関わらない方がよかったかななどと、最初のうちは思っていたのですが、他にすることもないので、ワイン片手に立ち話を続けました。

初見でこの若僧はと思っていたのが、話し出すうち言葉も受け答えも上品、丁寧で、なんてしっかりした若者なんだろうと。逆に分不相応にビジネスクラスに紛れ込んでしまった私とは、お育ちも随分違いそうと、恥じ入るばかり。

シベリアの東、ヤクーツクあたりから話し込んで一時間ほど経過した時、「一流のシェフを目指すには、ワインも一流を知らなければいけませんよね」。

私も、餃子の一流、ホンモノを見極めたくて、あれこれ巡っていましたから、彼の言葉にすぐ相槌《あいづち》を打ちました。老舗《しにせ》の日本料理店に五年間勤めたあと退職、その後フレンチに転向した彼は「日本料理は、よく目で味わうと言われますが、最近はどうも舌で味わうこと以上に見た目にこだわり過ぎなようで、本質から外れている気がします」。

元々、懐石料理の味を簡潔に一言で言い表すのはとても難しいことだと思います。雑誌のグラビアに登場する日本料理の多くが、突拍子もない盛りつけだったり、素材のよさだけを売りにして、調理を放棄していたりというのを、私も最近よく見かけます。

「アートならともかく、美味しいんだか美味しくないんだかわからない料理で感動させるって、おかしいとは思いませんか?」

「それは、ごもっとも。でも、こちらの機内食は、目で見て楽しく、どれも美味しくて、適量で、お酒にもたいへん合っていたと思いましたが、いかがでしたか」

「バランスこそが、日本料理のよさです。最も進化したカタチの日本料理は、もしかしたら機内食かもしれませんね」

「That's right.」

これが、水餃子を唐突にリクエストしてきた彼との出会いです。

「せっかくなので、中国のフツーの水餃子を出すお店に連れて行ってあげましょう」

向かった先は、横浜中華街の「山東《サントン》」。横浜中華街は、比較的どこも閉店時間が早く、夜九時を過ぎると、ほとんどが看板になってしまいます。そんな中で、夜十時を過ぎてもやっている店は僅《わず》かしかありません。今は移転し、さらに新館もオープンして行列ができるほどの人気っぷりですが、二十年前は仕事が終わった中国人のコックさんたちが中国版花札で盛り上がっていたりと、中華街でも相当ニッチなお店でした。

この店の看板メニューの水餃子の餡は、おそらく豚肉とニラのみです。十何年も前のことですが、私が小皿の上で餃子の解体ショーをやっているところを、店主と奥さんが見て笑っていました。テーブルの上には、たっぷりと固形物が入ったあやしげなタレが置いてあります。ラー油とも言えない、ココナッツと魚粉とあれこれ入っています。

「カタチが、一餃入魂という感じですね。タレなし、タレあり、どちらもイケますね」

彼の感想です。わざわざ横浜まで連れてきて、こういう反応があるとうれしくなるものです。

かなりぶ厚い皮に包まれた水餃子は、特にモチモチしているわけでもありませんし、肉汁の滴《したた》り具合も、どちらかと言うと普通です。

厨房は見えないのですが、以前は空いている時間帯に、客席で店主の奥さんが餃子を包んでいました。ひとつひとつ指先に力を込めて。魂を込めて包んでいるように、私の目には映りました。技の素晴らしさとかそういうことではなく、中国ではお母さんが、家族が帰ってくる前にこんな感じで餃子を包んでいるのだろうなと想像してしまうような、そんなのどかな光景でした。

「今日は、とてもいいヒントを貰いました。ありがとう餃子いました」

えっ、何それ、いったいどんなヒントなの？　教えてよ。水餃子くさいなぁ〜。

餃子にフカヒレ・金華ハム

『餃子のス、メ』の冒頭で「餃子とは、ただ高価な具を揃え、解り難き包み方を習得し、高級な調理器具を用いて焼くなど、世上に実なき餃子を言うにあらず」と偉そうなことを抜かした私ですが、その本意が伝わっていなかったかもしれませんので、改めて抜かさせて頂きます。

全ての料理に言えるのですが、料理の「高級」とはなんぞやということです。値段の張る高級食材だけ揃えてつくれば、ほどほどに高級感は味わえるでしょうが、それを高級な料理と言えますか？　むしろ、下品な料理に成り下がってはいませんか？

たまにですが、自分のためだけにお財布の紐《ひも》を緩め、周りへの気遣いも何もかも一切放棄して、食べたいものだけを真剣に味わう時があります。接待や、ご招待で自腹を切ることなく食べたものは、たとえそれがどんなに美味しくても記憶に残らないものなんです。対価として、それがふさわしいかどうか、慎重に目と舌で見極め、味わいながら、自分の満足の領域を探る外食は大切な時間だと思っています。それが口に合わなかった場合、自分の勘が鈍っていたんだと素直に諦めます。「舌を憎んで、店を憎まず」が基本です。

そうは言っても、あまりに対価に見合っていないとか、ちょっと何なんだよこの料理は！　という場合、その場で責任者を呼んで説明してもらいます。そういう状況でものを言わぬ日本人が多く存在していたために、それらが連鎖反応を起こし、ますます高くてマズくてつけあがる店になってしまったことを反省すべきなのです。

特に、日本人をカモにしている外国の高級レストランには、ココロして入店したいものです。「旅行ガイドブックを小脇に抱えて入ってきた日本人のいちげんさんからは、いくらでもふんだくれる」と本音を漏らした外国のコックがおりました。あらかじめ予算とプランを想定して入ってきた客に対して「料理長の本日のお薦め」と「入荷したばかりの新鮮な素材」の一撃で、あっけなく店の言いなりにできるというのです。あとは、ひたすら高級食材のオンパレードと、高級ワイン責めを行い、納得ずくの上で、客単価はウン万円になるというのです。

「フカヒレなんてよ、あんな味も何もないものをちょこっと餃子に入れたくらいで、高級、高級って満足する日本人旅行客がいる限り、うちの店は安泰だよ」

なぜ日本人は、母国では普段フカヒレをそんなに食べないのに、わざわざ遠い外国にまで出かけて行って、日本から輸出したフカヒレを、高いお金払って食べるのをよしとしているのでしょう。日本人は、やっぱり不思議の国の人です。

さて、高級料理という概念が昔から刷り込まれている「北京《ペキン》ダック」などのメニューはいいとして、高級レストランでは、今ひとつ餃子のポジションがはっきりしません。「高級店に来てまで、餃子なんか注文するの？」なのか、「高級店のフカヒレや金華ハムが入った餃子を食べてみたい～」となるのか、その両極が存在します。

「つくる手間、労力を考えたら、とてもじゃないけど一皿六個で二百二十円なんて餃子はうちでは絶対にムリだね」と、一個千七百円もする餃子を出す店のスタッフ。

高級餃子とはいったいどんなものなのでしょうか。より美味しい餃子を目指してはいても、高級餃子はつくる気さえない私なので餃子います。

桃屋の役

日本人は、古来よりご飯を汚しながら食べていました。と書くと何だか一気に汚らしい感じがしてしまいますが、要は左手に茶碗《ちゃわん》を持ち、右手の箸でおかずをすくい上げ、いったんそれについた醤油やタレなどの汁気を、ご飯の上に垂らしつつおかずを食べ、その後タレがついた部分のご飯を食べるという**一連の基本動作が歴史的に確立**されてきたと言いたいのです。

それは餃子の場合であっても同じで、我々は、餃子が並んだ皿から右手の箸ですくい上げ、醤油、酢、ラー油などを調合した小皿まで持っていき、適度にタレをつけた後、そのままひとくちでいってしまう場合を除いては、左手に持った茶碗の上で、**いったん余分なタレをご飯に落とします。**

そこで口に運びやすいよう餃子の態勢を整えて、口元へ持っていくという流れになります。その際、ひとくちで処理できなかった場合は、再度小皿まで移動し、そこでまたタレに浸し、再びご飯を汚しつつという動作を繰り返すことになります。

餃子のタレで汚れたご飯こそが、日本を代表する料理なのだと私は思います。

そんな日常の餃子が並ぶ食卓の安寧が打ち破られた。それは、あの商品が発売されたことに端を発します。それまで、餃子のタレに、何滴か小皿に垂らす以外の使い道は、今考えてもまったく思い浮かんでいませんでした。餃子以外に、一切活躍の場が与えられていなかった超脇役、ラー油。調味料コーナーに、たいして使ってもいないのにベトベトになって何カ月間も放置プレイ。そして、いつのまにやら賞味期限を迎えてしまうという小瓶。それは、まるでキッチンのいじめられっこのような辛《つら》く悲しい存在でした。

それが、主役の餃子を差し置くばかりでなく、餃子すら並んでいない食卓に単独で登場。餃子と無二の仲よしだった、ほかほかあったかご飯の上に、ちょっと汚す程度ではなく、まるで納豆か、海苔《のり》の佃煮《つくだに》と同じレベルの扱いで、直接小さじで投下されるに至りました。餃子界からみて、寝耳に水の仇討《あだう》ち、まさに下克上でした。

その後、メーカー同士の争いは激化。新しい商品が次々と登場し、ラー油戦国時代に突入しました。

食べるラー油がもたらした、餃子消費量の落ち込み、汚いご飯の食べ方の蔓延《まんえん》は、餃子界の歴史において「桃屋の役《えき》」として、ここに刻まれたので餃子います。

パリは餃子を待っていた

二〇一一年五月、パリの第三区、二百年以上の伝統を誇るオペラ劇場（現・アートセンター）「ラ・ゲテ・リリック」（La Gaîté lyrique）のレストランで、餃子の作り方を教えることになってしまった私。

有料講習にもかかわらず、高倍率の抽選に勝った三十六人のフランス人を前に、冒頭、民衆から太陽王と仰ぎ見られていた君主ルイ十四世に肖《あやか》り「朕《ちん》は餃子の王様なり」と宣言。フランス国家の中心で「努力しないと美味しい餃子は食べられへんがな」と説法を始めるや否《いな》や、一語一句も漏らすまいと、さらさらと鉛筆がノートの上を走る音が一斉に響き渡ります。私が、いったい日本でどういう身分なのか知る由《よし》もないフランス国民が、これまで一度も口にしたことのない餃子なるものを、皮から手づくり、肉も野菜も包丁一本でチョップしてつくるというのです。無謀過ぎます。フランスの大学入学資格である、バカロレア取得試験並みの難関です。

ボウルにフランス産の強力粉を入れ、熱湯を注ぎつつ、塩、ゴマ油を足しながら菜箸でかき混ぜる工程は、国民総パティシエのフランス人ならお手のものといった感じです。生地を一時間ほど寝かせている間に、肉や野菜をみじん切りにしてゆきます。包丁さばきは、私が思っていた以上に皆、優秀です。このところほとんどフードプロセッサーに頼ってしまっている私が見本を見せていたら恥をかくところでした。それにしても、パリジェンヌのキャベツのみじん切りの速さには度肝を抜かれました。とにかく速い。トントントントントントントントン……。まな板から遠く離れて飛び散ったキャベツは、この際見なかったことにしておきましょう。

抽選で選ばれた参加者の内訳は、日本好き、とりわけ日本のアニメやオタク関連に興味がある人が半分。ＹｏｕＴｕｂｅで美味しそうに餃子が焼き上がる動画を見て、いても立ってもいられなくて応募したという個人参加の女性。それにカップルやグループでつくりたいという人など年齢も様々。フランス人は、見たこと、聞いたことのない食べ物にはたいへんに敏感なようです。とにかく、新しもの好きですねパリジャン、パリジェンヌは。

どこでどう広がってしまったのか、たった五席しかないテーブルに毎回予約が殺到。世界一予約の取れないレストランとして有名だったスペインの「エル・ブリ」

（二〇一一年七月閉店）と並び、ジャポンのソーシャルネットワーク経由で瞬時に予約が埋まってしまう、「世界で最も革新的な餃子レストランのオーナーシェフ」なんだそうです。それがフランス語になると、何かさらに権威を帯びたように、私には聞こえてしまいました。決して偉そうに立ち振る舞っていたわけではありませんでしたが、何か質問があって「シェ！」と呼ばれるたび、キリッと緊張してしまいました。

そして、いよいよ包む作業に取りかかります。小麦粉の塊から棒状に絞り出し、包丁で切り出して、クッキーやパイ生地用と思われる太めののし棒で、一枚一枚皮を延ばしていきます。餃子用では、本来十円硬貨程度の直径ののし棒を使うのですが、フランス人にとっては、いつも自分たちが使っている太いのし棒の方が使いやすかったようです。きれいに丸く延ばせた餃子の皮が乾かないうちに、今度は餡を包んでいきます。最初はテーブルごとに出向いて、ゆっくり説明しながら、こうしていくのですよ、と教えていたのですが、後半になって回ったテーブルでは、私をどうにもこうにも待ちきれなくて、既に思い思いのカタチで包み始めていました。

感動したのは、テーブルの隅に皮を置き、餡を乗せ、両手で皮を持ち上げることなく、テーブル上に置いたまま、皮の端から端へと巧緻《こうち》を極めたヒダをつくっていた女性。その姿は、ルーブル美術館で見たフェルメールの代表作「レースを編む女」の構図そのものでした。餃子の包み方も非常に美しかったですが、彼女もまた美しかった。

その上で、会場の外に業務用のＩＨヒーターを五台用意して、道行く人たちにも餃子を振る舞おうというのです。素晴らしい国際交流。なんという太っ腹でトレビアンな企画でしょう。

高電圧のＩＨヒーターは、あっという間に餃子を焼きあげます。まごまごしていると「よく焼き」になってしまうほど。さすがは、発電大国フランス。自分が包んだ餃子が焼けるたび、歓声が沸き起こります。箸と餃子と私のスリーショットを撮られまくり。調理開始から餃子が口に入るまで、三時間半もかかりましたが参加者は大満足。終了してもなお、レシピに関する質問攻めと、パリで餃子とガチで向き合った一日でした。

実は、東京パノラママンボボーイズのフランス公演を仕切っていたフランス人のプロデューサーが、蔓餃苑で公演の打ち合わせ兼お食事をした際、マンボ以上に舌とココロを揺すぶられてしまい、このワークショップ開催と相成ったので餃子いました。

ラー油の章

マズイ餃子はその日のうちに忘れろ

よせばいいのに、デパ地下へ行って黄金豚使用、贅沢《ぜいたく》餃子五個千円とかいう表示を目にすると、節操もなく買ってきてしまう私。黄金豚使用ならついこの前、通販で六個三百円というのを注文して、そこそこ美味《おい》しいと思ったのに、なんでまた。いや、この価格なら、ものすごい何かが期待できるんだろう、そうに違いない、などと勝手に想像を膨らませてしまう自分が情けないです。ああ、本当に情けない。

結局、その餃子は、少量のニラとお肉がただいっぱいに詰まっているだけ。皮はぶよぶよ、中はお弁当に入れたちょっと固めのハンバーグというような食感の、ただただ無念な餃子でした。せっかくのブランド豚を使っているにもかかわらず、その特性を活《い》かせていない。高級材料使っていますから〜、というだけの商品づくりは避けるべきですね。豚さんにとってもトンだ迷惑、かわいそう。

いくら後学のためとはいえ、そんなこんなで、今まで数え切れないほど買い物で失敗を繰り返してきているのは事実。餃子だけならまだしも、これに入浴剤やら、あれもこれもが加わると、一消費者にしては無駄遣いが過ぎると、自分でも反省しています。

百円で二十四個も入っているチルド餃子についても同じ。安いから買ってみようではなく、いったい中に何が入っているんだ、その材料は何なんだと鼻息荒くしようが、買ってきてしまうことにはかわりありません。

餃子と名がつく以上、ピンもキリも試さなくてはいけないという、自身で設定してしまったハードルを、いったん初期化すべき時期に来ています。お店でも、負けが込んでいる状況には変わりありません。味覚が破綻《はたん》する前に本気で何とかしなければいけないと思うようになりました。

中身がどうこう言う以前に、これは餃子なのか、果たして食品として認知していいものかどうか。そんな疑わしい餃子を口にしてしまった場合、堆肥《たいひ》として処理するなり、地球に負荷がかからないよう処分し、自分も歯を磨いて、その日はなるべく早く寝るに限ります。マズイ餃子を食べたならその日のうちに忘れる、が鉄則です。

寝ないとどうなるかと言うと……こんなことを考えはじめてしまいます。

今こそ問い直すべき餃子という料理、商品のあり方。日本人を元気にするような餃子、甦《よみがえ》る餃子の創出が急務。胃を衰弱させるような粗悪な餃子を排し、美味しい餃子だけのパラダイス日本にしなければなりません。現政権に具体策を講じさせるべく、この問題を餃政刷新大臣にツイッターでお願い申し上げるので餃子います。

私たち自身が、何を目指して焼けばいいのか、日本人が取り戻すべき気概と包むべき水餃子について、思いの皮をぶつけ合おうではありませんか。

多種多様な餃子を、ひとくち餃子で論ずるのではなく、まずは餃子間で互いの相違を認め合い、これまでぎくしゃくしてきた中国・韓国とも連携し、餃界全体の地位向上を目指そうではありませんか。小麦粉の高騰《こうとう》など、できるだけ問題を共有し、もち粉入り包括餃議を推進していきましょう……。

マズイ餃子を口にしてしまうと、脳内物質ドーパ珉珉《ミンミン》の分泌《ぶんぴつ》が減少し、過度な背《せ》脂《あぶら》に対する欲求が高まり、文章の中身も皮が破れた状態で支離滅裂、もはやこれまで。満身餃痍《ぎょうい》といった状況で餃子います。それではみなさん、おやすみなさい。

GYoooooo……。

食べられる国宝餃子の食べ比べ

食材の食べ比べってしたことありますか?

これが、楽しいようで意外に過酷なんです。どこぞの検査機関、グルメランキングとか料理本の編集プロダクションの編集者ならともかく、誰にも求められず、頼まれてもいないのに、同じ食材を買い集め、同じ条件で調理して味比べをする自分を、凝り性と言うより、くるくるぱーと感じることがあります。味覚に限っては、他人任せにできない故《ゆえ》、どんなに美味しいからと勧められても、自分で試さないと気が済まないのです。

比較的簡単に実践できるのは、飲み物でしょう。様々なメーカーのコーラを買い集め、同条件で冷やして飲み比べてみると、甘さ、炭酸の含有量、風味とか、自分の好みというものがだんだんハッキリとわかってくるものです。普段何気なくコンビニで、十円程度の価格差だけで選んでいる優柔不断さを、この際、きっぱり断ち切りましょう。みんなが集まった餃子パーリーのついでにでもやると、結構盛り上がってしまいます。利き酒、利きビール、利きオレンジジュース、この際どんな"利《き》き"にもトライしてみてください。

余談ですが、同じメーカーの商品でも、製造工場によって差異があるケースがあります。私が贔屓《ひいき》にしている銘柄のビールを購入する際は、ラベルに印字された工場の固有記号を必ず確認しています。使用する水、出荷状況や保管の仕方でも変わってくるのでしょうが、製造工場の違いだけでもハッキリ味の差を感じとることができます。

さて、ようやく本題です。餃子と言えば豚肉。他に混ぜる野菜、調味料などを全《すべ》て同条件にして、例えば産地の違う豚肉で餃子を何種類かつくり分けるなどという手間のかかることを、経験されたという方、たぶんこの本を手にした方の中にさえいないでしょう。やってみると、これが結構面倒くさい。最も廉価《れんか》な百グラム五十九円の国産豚肉から、カナダ産、デンマーク産、鹿児島産黒豚、それに百グラム七百円以上もするハンガリー産「食べられる国宝」とまで言われているマンガリッツァ豚の五種を、全ての調理条件を一緒にして、ひとつのフライパンで同時に焼いて食べ比べてみました。私個人の結果としては、味覚と価格は必ずしも比例しないということ。せっかくアタマにマンを冠するマンガリッツァ豚ですが、餃子にするにしてはチト高すぎなので餃子います。

読めない餃子本

本書を書くためというわけではありませんでしたが、三・一一で本棚から崩れ落ちてしまった本を片付けつつ、餃子関連の本を整理してみると、ムックも含めて百冊以上にもなっていました。

「餃子多様性年」を間近に控えたわけでもないのに、我ながら単なる餃子好きと言うか、凝り性と言うか、呆《あき》れてしまいました。パラパラとめくってみると、『本場の料理人が教える餃子の包み方』とか、『中華・ラーメン・餃子店成功の秘訣《ひけつ》』といった新規開店指南本、餃子屋をタイトルに入れたビジネス書、有名餃子店のガイド本など、たかが餃子と言ってもいろいろな見方があるんだなぁと、いったんは感心しかけましたが、実はどの本も……ほとんど心に響かない、無価値な内容。餃子愛が足りなさ過ぎるのです。

時間が経過してたんに情報が古くなっているという理由ではなく、どの本も餃子をナメきっているのです。味覚音痴のライターがイチオシ、究極という単語をどのページでも使いまくった、罰当たりなまでのインチキガイド本には正直辟易《へきえき》しました。

所詮《しょせん》、餃子なんてB級グルメだから〜と、ハッキリ活字にしていた情報誌の特集ページでは、餃子を見下すような表現が随所に見受けられ、餃子をバカにするのもいい加減にしろ！　と怒りが込み上げてきました。人格でも何でもない餃子ですが、蔑《さげす》まれていると不愉快になります。他人から、親戚《しんせき》や兄弟の悪口を言われるよりも、餃子の存在を茶化される方がムカついてしまう私です。即刻、断捨離敢行いたしました。こんな雑誌なんかなくなればいいのにと思っていたら、先頃休刊しました。休刊ではなく廃刊でしょうに。

餃子ガイドブックも出たら即買ってしまいます。実は、このところラーメン本に迫る勢いで、餃子の紹介本が次々に発売されています。今までそんな勢いはありませんでしたから、ちょっと驚きです。そのうちの何誌かにはインタビュー記事など掲載されていますが、事実関係のみのガイド本に徹してほしいと、編集者に念を押しています。ランキングをやったら即アウト。誰が餃子の味をジャッジしているのか。一冊丸ごと、一人ですべて食べて記事化しているならともかく、ライターが手分けして食べた店に、☆いくつなどとやっている本を信用してはいけないので餃子います。

結婚式の餃子

結構な御祝儀《ごしゅうぎ》を包んで出席した結婚披露宴で、開宴前、先にテーブルの上に置いてあった「本日のメニュー」を目にしたところで、帰りに牛丼《ぎゅうどん》食べて帰ろうかなぁ〜、餃子の王将でもいいなぁ〜などと、ついココロの中でつぶやいてしまう私です。名だたる有名ホテルのフレンチより、結婚披露宴専用の施設で提供されるコースの方が、美味しかったりする場合もないわけではありません。しかし、なんだコレは！　と驚いてしまう前菜が出てきたりすると、やはりここはホテルではないんだなと諦《あきら》めます。

誰が見てもコレはただの餃子の皮だろう！　とわかるものの上に、小ぶりの帆立貝を乗せて、その上からチーズをかけて炙《あぶ》っただけのものの周りに、ソースと食用花を散らした皿が運ばれてきたときは、思わず「食べる前に撮る」してしまいました。「これなら餃子一個に、金粉でもまぶしてあった方がマシだなぁ」と、場所をわきまえずに、つい本音を漏らしてしまった私に、円卓の誰もが失笑していました。

今どきのたぶん若手シェフによる創作料理のおかげで、新婦のお色直し中も場はなごんでいました。めでたし。

これまで、何度、結婚式に出席したかなど、いちいち数えてはいませんが、相当な数をこなしてきています。最近では、法事や葬式の方が逆転しているのですが。

私がちょっとだけ心残りなのは、上野や横浜中華街の有名中華料理店の大宴会場で開かれる、中華の披露宴にまだ一度も呼ばれたことがないことです。それが満漢全席のようなものか、ただのコース料理なのかどうかも知りません。中国の皇帝が食べた門外不出の餃子と同じものが、結婚式の時だけ供されるとか聞くと、偽装参列者にでもなって食べてみたいと思うのであります。なんでも、その中の餃子のひとつだけにコインが入っていると言うのです。で、それを食べた人は、新郎新婦からプレゼントをもらえるとかなんとか。

あー、結婚式に呼ばれたい。

ただし、会場は老舗《しにせ》の有名中華料理店の大宴会場に限るので餃子います。

オール電化餃子

私がかなり以前から異を唱えていたのが「オール電化」です。ＩＨクッキングヒーターでは、美味しい餃子は焼けません。この際ですから、きっぱりと申し上げておきましょう。

ＩＨが登場してから、かれこれ何年も経過しています。私は各社新製品が出るたび、発売初日に家電量販店に行って、スペックの確認をしています。出力や熱の伝わり方など、店員にあまりにつっこんだ内容の質問をするので、他社から派遣されたリサーチャーかと間違われてしまったこともありました。

それもこれもオール電化の家で、美味しい餃子を焼く可能性を探るためにです。しかし、美味しい餃子を焼くために必要な絶対的な火力の不足、温度調節の難しさ、そして焼きムラに関しての問題は、現状何ら克服できていません。私がいくらがんばって練習してみても、家庭用のＩＨクッキングヒーターでは、どうにもこうにも上手《うま》く焼けないとはいったいどういうことなのかと、電力会社が主催するＩＨクッキング講習会にも出席しました。しかし、そこにいたお料理の先生の、私よりさらにヘタレな焼きっぷりに、これはもうどうしようもないと肩を落として帰路につきました。

パリで餃子を焼いた時は、ＩＨヒーターでしたが、やはり二百二十ボルトの電圧のために火力は抜群。すぐに火力が落ちないというのが難点ではありました。三・一一直前に流れていたテレビコマーシャルでは、飲食店の業務用厨房《ちゅうぼう》でもオール電化みたいなことを抜かしていましたが、まったくいやはやなんともな有り様です。

美味しい餃子を焼くには、ガスコンロが一番です。都市ガス、プロパンガス、カセットガスのいずれの会社におかれましても、今後継続して美味しい餃子が焼けるよう、エネルギーの安定供給に期待するので餃子います。

デパート催事場での支援行為

デパートの物産展を訪れると、最近は必ずと言っていいほど出店している餃子の店。栃木の宇都宮餃子、静岡の浜松餃子は言うに及ばず、餃子の王様の故郷、北海道をはじめ、四国、九州、沖縄の物産展でも軒並み餃子の専門店が出店していま す。

あなたも、そんなにありましたっけ、ご当地餃子? と思われるはずです。キャベツや白菜、ネギなどは、全国どこも産地ですし、最近では銘柄にこだわったブランド豚使用をウリにしていたりもします。

気になるのは、狭い通路にごったがえす客に対し、爪楊枝《つまようじ》で餃子を一個まるごと振る舞っていること。試食した客が必ずしも購入するとは限りません。客の動線を見る限り、むしろ九割九分が冷やかしと言うか、後ろからの客に背中を押されつつ、立ち止まって商品の説明を聞くでもなく、餃子一個をパクついてその場を離れる人がほとんど。実際の売り上げに、まったく役に立っていないようにも思えるのですが、実際に出店しているお店の方に購入ついでに話を伺うと「これはー、うちの店のプロモーションの一環なんでー、あんまりー、売れるとかー、そういうのー、関係なくてー、食べてもらってー、美味しかったーと、言ってもらえるだけでー、十分なんですー」と独特のローカルイントネーションでのご返答。物産展の売り上げそのものより、都内の有名デパートに出店したという実績をつくりたいという訳です。

試食の数を見越した材料の搬入をはじめ、個人経営の餃子店では大変な出費を強いられるはずです。にもかかわらず、出店する価値があると判断するに至る経緯は、ネット通販の売り上げへ波及させたいとの思惑があるからでしょう。実際に一日何個売り上げたかより、**何個試食させることができたかに重点を置いている店**さえあります。

物産展の折り込みチラシが入ると、何はともあれ朝ご飯抜きでデパートに出向くデブを笑ってはいけません。午前十時の開店と同時に催事場をひたすらサーキット、**試食だけで腹を満たそうという行為**は、決して恥ずかしいことではありません。ターゲットの餃子店の前を、何度も回ってお腹がいっぱいになるまで食べ尽くす。むしろ、そうすることこそが、地方の農業、食品製造業の活性化、新規餃子店の支援につながっていくので餃子います。

幻すぎる中国四千年の餃子

どこぞの餃子がマズイとか、あの店は最悪だ！　などということは、たとえココロの中で思っていたにせよ、絶対に書かないと誓っておりました。しかしながら世の中には道理に反すること、そんなことあっていいのかという不条理な問題は山ほどあります。この餃界とて例外ではありません。

日本国中を震撼《しんかん》させた毒入り冷凍餃子事件。日本人が愛してやまない餃子、しかも安心安全の代名詞、消費者の味方であるはずの、生協ブランドの餃子に毒を盛られた忌《い》まわしい出来事でした。時間の経過とともに、人々の記憶から消えつつあるものの、賞味期限がとうに過ぎて変色した肉の固まりや、床に落ちたミンチ肉を、何の躊躇《ためら》いもなく製造工程に戻して使用していた、大手ハンバーガーチェーンのチキンナゲットのニュースなど、食にまつわる事件が取りあげられるたび、今に始まった事ではないという枕詞《まくらことば》のように、当時の映像が必ず引き合いに出されます。

しかし、毒入り餃子事件自体は、中国人の元従業員が犯人として捕まったものの、真相は闇《やみ》に葬《ほうむ》り去られて幕引きとなってしまいました。忘れっぽい日本人にとって、食品関連の事件がおこるたび、常に教訓として思い起こさせてくれるという面では、もしかしたら中国人の親切心と言えるかもしれません。

日本で一般的な餃子といえば焼き餃子ですが、中国では皮の厚い水餃子がポピュラーです。その水餃子の残りを焼いて食べ始めたものが、焼き餃子の始まりなどと書かれた文献によく接します。国内で出版されている中国料理研究家による餃子関連書には、「本場中国の餃子」とか「中国四千年の味覚」「餃子誕生は明《みん》の時代」などと、デカデカと記されていますが、いずれも、その根拠の提示はありません。だって、証明するの無理ですから。

無理をいいことに、つい歴史を捏造《ねつぞう》してしまう中国人の気持ちもわからないではありませんが、日本でも水戸の黄門様が、中国より招いた儒学者のつくった餃子を初めて食べた人なんだと、宇都宮の人が主張していたりしますし、どっちもどっちなところがあります。

毒入り冷凍餃子事件がおきた年は、中国国内で爆発的に日本料理店が開店した年でもあります。北京、上海には、日本人の経営ではない、中国人経営の日本料理店が、続々とオープンしました。メニューはというと、刺身、寿司《すし》、天ぷら、鰻重《うなじゅう》、しゃぶしゃぶ、それにラーメン、そして**日式餃子**というラインナップ。日式餃子という名称は、中国人自ら**「コレ、日本ノモノアルネ」**と、日本の餃子だと認めている証拠です。中国人の経営者は、意外にも謙虚な姿勢の人ばかりだったということになります。

中国のスーパーマーケットには「日式餃子」と大書された日本製の冷凍焼き餃子が並んでいます。「皮はパリッ、中身はジューシー」などと日本語で記されています。現地に住んでいる日本人のためとかそういう意味ではなく、とりあえずカタカナが混じった日本語が記載されていれば、中国人の目から見ると、**なんでもシャレオツに映ってしまう**ようです。

購買意欲が、その程度のことで刺激されているというのには笑えますが、なにより日本から冷凍餃子を輸入して、しかもそれが人気だという事実は、中国四千年問題というのがあったかどうかは別として、正しい歴史認識として、**今後両国で語り**

継がなければいけません。

餃子を政争の具にしてはいけません。餃子誕生に関する歴史認識は、深く掘り下げるべき問題ではないのです。そして、餃子の具の中への異物混入は二度とあってはなりません。

日式餃子は、日式たこ焼き、日式焼きそば、日式カレーライスとともに、日本スタイルの食文化としては、今後さらに多くの中国人を魅了していくことになりましょう。餃子がとりもつ縁で、両国民が胃袋の底からなかよくなればいいのに～と妄想してしまうので餃子います。

餃子超メガ盛り送料無料、五〇％〇ＦＦ

『読む餃子』を書いている今この瞬間にも、携帯、パソコンの両方にひっきりなしに届くスパムメール。バイアグラ、援助交際、大金をもらってくださいと、大量に投下されるスパムに混じって、しつこいほど送られてくる餃子通販メールも困りもの。「餃子に罪はない」と、本来なら目をつぶりたいところですがしかし……。

「【祝】一〇〇万個突破★宇都宮餃子一〇〇個がリクエストにお応《こた》え！　あす着対応！　おもしろ餃子も多数！　同梱《どうこん》可です！」という長い件名のメールが届いた一週間後に、今度は、「【餃子超メガ盛り一〇〇個・送料〇円・五〇％〇ＦＦ】五一〇〇円⇒二五五〇円★三種類の本格餃子が超メガ盛り!!　大好評により再販いたします！」というのは、いくらなんでもタイトルとしては長過ぎでしょうに。さらに……「中国料理世界大会金メダリストの自信作！　なんと、三種類の本格餃子が合計一〇〇個！　通常価格五一〇〇円のところ、三〇〇セット限定で、なんと、二五五〇円です〜〜〜！　さらに、ポイント3倍ですよ〜〜〜〜！　安いでしょ。

【五〇％OFFです。】（……以下、はてしなく続く）」。おっ、また出てきたな、中国料理世界なんちゃらが……。

とにかく無駄な改行が多いです。実際の本文はもっと改行されていて、全ての行間に三行とか五行の空白が。改行じゃなくて、改餃しなさいっ！　とたしなめたくなります。配信停止をしようにも、メルマガ解除の前に「お得なポイントキャンペーン」だの「ギフトカード」が抽選で当たる!!　とか、もうイヤンなっちゃうので餃子います。

で、餃子と言うからには避けて通る訳にもいかず、注文してしまいましたよ。段ボール一箱の中に、プチプチの緩衝剤とかも使われず、ビニール袋に小分けされた餃子が、わりと無造作に詰め込まれた宅配便。送料無料とはいえ、千円以上はかかっているでしょうから、中身は千五百円。一個あたり十五円の餃子です。

黒豚、スタミナ、海鮮と中身は表記どおりの三種類。海鮮餃子には、申し訳程度とはいえフカヒレのかけらも入っていました。私的には、引き分け、もしくは負け餃子だったのですが、子どもたちはこう宣《のたま》うでは餃子いませんか！

「パパがつくる餃子より軽くて美味しい」

セレブの手みやげ餃子

友人に、何ともセレブなお嬢様がいらっしゃる。学生時代からの知り合いなのですが、ほぼ同い年にもかかわらず、いつまで経《た》ってもお嬢様。どれだけ容貌《ようぼう》にお金をかけ続けているのか、見当もつきません。そうは言っても、本人の努力もたいしたものだと思います。

大学卒業後、兵庫県芦屋の実家に戻った彼女が、月に何度か仕事だか遊びだか、それもよくわからないのですが、上京する際に決まって手みやげで持ってきてくれるのが、大阪のひとくち餃子の小箱です。会うたびに欠かさずです。箱のサイズも一緒。暮れのテレビコマーシャルで「あっ、ハムの人」というのがありましたが、こちらは「あっ、餃子のおばはん」です。あっ、つい本音を……失礼いたしました。

一番最初に頂いたときは、何なのこれ？　と思いました。どうやって食べていいものなのか。説明書どおりに焼いてみたところで、これで合っているのかどうかさえ、まったく見当のつかない代物《しろもの》でした。これは、インスタントラーメン専用なのか、とか。

大阪の人は、なぜに、こんな小さな餃子しか食べていないんだろう。このひとくち餃子で喰い倒れるためには、いったい何百個食べなければならないんだろう。本音を言うと、やっぱりこれはいったい何なんだか、今もってわからないのです。確かに中の餡《あん》は美味しいのですが、餃子かと問われると、餃子ではないような気がしますし、ワンタンかと言うと、ちょっとそれも違うようですし。

大阪でのライブ公演の際、法善寺横丁にお店が開店したというので、足を運んでみました。やはり、私の焼き方は間違っていなかったようです。で、やはり何個食べてもお腹いっぱいにはなりませんでした。お勘定は、全員で割り勘にしたのですが、メンバーの一人が「ビフテキ食べれたかも……」とつぶやいていたのが忘れられません。

最近になって、近くに立ち寄ったついでに今度は一人で行ってみようと思い立ったのですが、どうやら閉店してしまったみたいです。大阪人の間でも、きちんとコンセンサスがとれている餃子なのか否か、それすら釈然としません。

帰りの伊丹空港で見つけたので、初めて自分で買って帰ろうとしたのですが、衝

撃のお値段に、彼女はやっぱりセレブなお嬢様なんだなぁと、改めて認識したので
餃子いました。

中国料理世界チャンピオンの餃子

観光地と言ってしまえばそれまでですが、ここ数年の横浜中華街の変貌《へんぼう》ぶりには驚かされます。表通りには、結婚披露宴までできる大宴会場が自慢の、重苦しいほど重厚な店構えの高級店が連なり、脇《わき》の小路には、昔ながらの華僑《かきょう》の家族が経営している、安価で良質な料理を提供する店が並んでいるというのが、ちょっと前までのイメージでした。今はどちらの店も激減。もしこの先、何年ぶりかで訪れるのであれば、本当に心して出かけられた方がいいと思います。

その理由は「中国料理世界チャンピオン三連覇」などと、極彩色のコック服に身を包んだ巨大な写真や、「時間無制限　オーダー式食べ放題」と看板に大書された店が、街を席巻《せっけん》してしまったからです。

まずは一軒目。本当にその店に、写真の世界チャンピオンがいるのかどうかを確かめに行きました。

「こちらのチャンピオンの方は、今日は厨房に立っておられますか?」

「えー、震災直後に、中国へ帰ってしまいました」

「では、誰が料理をつくっているのですか？」

「新しく来たコック」

「中国料理世界チャンピオンというのは、いつどこで行われているのですか？」

「中国でやっているみたいだよ」

「何省ですか？」

「福建省」

「本当にやっているのか確かめたいのですが」

「じゃあ、うちの店で食べてみてください、わかりますから、さぁ、どうぞどうぞ」

そもそも食べ放題でありながら千六百八十円という価格設定だけで、ロクなもんじゃあるまいと最初から想像していましたが、どれもこれも値段のわりにはそこそこの美味しさでした。デザートのマンゴープリンも、確かにマンゴーの果肉の含有がギリギリ舌の上で確認できます。ただ、どう見てもこの厨房の広さと人数で、全ての調理は無理だろうと思いましたので、ウェイトレスに聞くと「セントラルキッチンでつくっています」なんだそうです。もちろん餃子も、冷凍餃子に決まっています。

別の日に、「二千四百八十円で一〇〇品以上のメニューからオーダーが可能。チラシ持参の方ソフトドリンク飲み放題」というのを、表通りで女性の客引きから受け取ったので、まんまと釣られてその店を目指すことにしました。**何事も生涯学習**です。

その店は、私が二十年来通いつめている餃子の美味しい店の真隣にありました。店の前には、例によって首からゴールドメダルをぶら下げた「中国料理世界チャンピオン」が、なんとここには四人も並んで写っているではありませんか。**一店舗にそんなにたくさんいていいのですか**。もう、訳わかりません。で、やっぱり聞いてみると、その日は厨房にチャンピオンが一人もいないとのこと。四人も揃えているのに、ですか、まったく。

どこのコミッショナーが認定したかさえ分からない「中国料理世界チャンピオン」**の謎**《なぞ》。テレビで報道されている、中国の様々な捏造っぷりに眉《まゆ》をひそめる日本人が、なぜこの看板に書かれていることは素直に受け取ってしまい、**ホイホイ入店**してしまうのか。本当に不思議でなりません。

餃子を皮切りに焼売《シューマイ》、春巻、大根餅《もち》、海老チリ、豚バラの煮物、回鍋肉《ホイコーロー》、酢豚、蒸鶏、鶏肉のカシューナッツ炒《いた》めと三十品以上は食べましたが、マズイ料理はありませんでした。ほどほどの小皿に盛られてきて、おかわりしたければ、またご注文をといった感じです。その分おそろしい数の食器を使うことになり、ウェイトレスはひっきりなしに厨房とテーブルを行き来します。料理のクオリティうんぬんを言う前に、彼女たちの身の上を心配してしまいます。

餃子は、濃い味付けの冷凍餃子でした。小籠包《ショーロンポー》や春巻を含め、ほとんどの点心は冷凍でしたが、それはまあ、当然でしょう。中国料理世界チャンピオンなんて信じてはならない訳ですから、もう少し手が込んでいるだろうとか、盛りつけが美しいだろうとか期待してはいけないのです。どの料理も、思い出せない味、なのでした。

百年以上前から住んでいた華僑に代わって、現在では、新しいタイプの華僑が次々と店をオープンさせています。甘栗売りや、九十円肉饅頭《にくまんじゅう》売りなども、そちらに分類される方たちが経営しているのだそうです。そのことの是非は、私にはよくわかりません。せめて餃子くらいは、もう少しこだわって美味しいものを出してほしいもので餃子います。

iGyouza

この本の執筆が大詰めを迎えた時、アップルのスティーブ・ジョブズ氏死去のニュースの一報が飛び込んできました。ご冥福《めいふく》を心からお祈りいたします。

一見、餃子とは何の関係もなさそうな話題と思われるかもしれませんが、この原稿をこうして書いている道具は、まさにジョブズ氏の発明品。餃子のレシピや餃子にまつわる小ネタを、日々発信している道具も、蔓餃苑の予約システムも、今流れているマンボなBGMも、全てジョブズ氏が発明したシステムによるもの。私の周辺で、ジョブズ氏が手がけていなかったことと言えば、餃子づくりと盆栽と入浴剤開発くらい。iPod、iPhone、iPadと、矢継ぎ早に新製品が発表されるたび、iGyouza、iBonsai、iNyuyokuzaiが登場したらどうしましょうと、びくびく怯《おび》えていました。『読む餃子』の原稿を、まだこうして書いている途中だというのに、ジョブズ氏公認の伝記『Steve Jobs』のハードカバー版が十八ドルで発売されるというニュースも入ってきました。アマゾンでは、既にベストセラーにランクインしています。天国へ行っても、なお人使いが荒く、伝記の細部の表現にまでこだわり、気に入らない原稿は容赦なく却下させるよう、ライターの背後から現れそうなジョブズ氏。新製品の発表イベントでは、毎回カリスマ的な存在感を見せつけ、とりわけＭａｃファンを大熱狂させる一方、社内的には相当しんどい存在だったとも伝えられています。

そう聞いて、全然それでよかったんじゃないのと思ってしまった私。しっかりとした意志によって導かれている企業に勤めている人は、それだけで幸せを感じるべきでしょう。さもなければ、自ら社を去るべきです。特に日本の企業は、社内融和なんていうおママゴトやっている状況ではないと思いますがね。幸い、蔓餃苑社員はCEOの私一人。

生涯唯我《ゆいが》独尊状態を貫き通したスティーブ・ジョブズ氏に対し、ここに「iParadise: The Book of Gyouza to read」を捧《ささ》げるので餃子います。

餃子愛

愛情のこもった料理は美味しい。餃子は、肉、野菜だけを包んでいるものではありません。まごころと愛が包まれているのです。だから、美味しいのです。

餃子づくりというのは、一見簡単なようにみえて、実はフカヒレの姿煮より、北京ダックよりも、はるかに難しいものです。せっかく餃子をつくってみたくなってきたのに……そうお思いになった方には申し訳ありませんが、やっぱり簡単ではないと思います。食べるのはメチャメチャ簡単な餃子なのですが……。

子どもの頃、学校から帰ってじっくり見ていたのは「ひみつのアッコちゃん」と「きょうの料理」の再放送でした。コックさんの高い帽子をかぶった、太っちょの料理長さんが、美味しそうにいろんな料理をつくる姿を凝視していました。

ほんの少し前まで、テレビに登場する料理人と言えば、道場六三郎氏とか周富徳氏など、もう名前からして威厳がありそうな方たちばかり。その道を極めてきたプロ中のプロ、本格派しか起用されませんでした。ところが最近は、パティシエとかシェフとか呼ばれる、チャラいキャラがもてはやされ、この人にいったいどんだけ料理経験があるんだ？　と素朴な疑問が湧《わ》いてきてしまう人も。「コックさんになったら、この人みたく、美味しいものお腹いっぱい食べられるんだぁ、いいなぁ」と見るたびに思っていた「きょうの料理」。

とはいえ、当時札幌の実家では、まだソ連との二百海里問題が起きる前でしたから、鮭《さけ》や、ホッケの開き、イクラご飯とかタラバ蟹《がに》とか、わりとそういうのがあたり前に食卓に並んでいました。いや、今から考えたら、ありえないくらい贅沢をしていたと思います。ウニ折そのままや茹《ゆ》でたての毛ガニよりも、母親がひとつひとつ包んで焼いてくれた餃子の方が、ずっとごちそうに思えていましたから。

子ども目線でテレビを見ていて、なんか手間暇かけまくってつくっているフランス料理って、本当に美味しいものなんだろうか？　と、しょっちゅうブラウン管のムッシュに向かってツッコミ入れてました。鶏肉を炒めたあとフライパンに残った油に、あれこれ混ぜてつくるソースというものの味が理解できませんでしたし、これなら塩胡椒《こしょう》ふっただけの方がベリーグッドじゃないのかとか、ちょちょっとお醬油たらしただけの方がぜんぜん難しくないでしょうにとか。ブルドックソースの中濃の方と、どっちが本当は美味しいんだろう？　などと、毎日が推理と疑問の連続でした。

今思えば、母親からしっかり餃子のつくり方を教わったことは、一度もありませんでした。何もかも見よう見真似《みまね》。と言っても、小さい頃は真似さえもしていなくて、皮をおもちゃに、およそ餃子じゃないものしかつくっていませんでしたね。

でも、何だかんだで、知らず知らずのうちに覚えてしまうものなのです。包み方ひとつとっても、ヒダの方向や折り方は同じですし、焼き方もほぼ同様。自分でやり始めた餃子と違いがあるとすれば、挽《ひ》き肉を使っている点、あの栄養ドリンクを入れていない点くらいでしょうか。

受験を控え、夜遅くにキッチンで、夜食のインスタントラーメンをこだわってつくり始めたところから、料理に興味が湧き始めました。いや、もっと前、小学四年生になって初めて入ったクラブが「料理クラブ」だったのを思い出しました。男子は、わずかに二名。結構浮きまくっていました。今となっては、何をつくったのか、まったく思い出せません。たぶん、自分でも思い出したくないのでしょう。相当アウェーな感じでした。

その点、自分一人でつくったインスタントラーメンは、料理と称するにはお粗末でしたが、具の切り方だったり、添付のスープを使わずに味を付けたりとか、今同様にさまざまな点に気を配っていました。全然、ブレていませんね。

上京して独り住まいを長く続けたことでも、あとになって振り返ると、料理センスが養われたのだと思います。浪人した際、下宿の隣の部屋に住んでいた美容専門学校へ通う学生さんとも、何度も一緒に餃子をつくりました。手先が器用な者同士が合作する餃子。あまりの美しさにくらくらしながら、畳の上のちゃぶ台でがつがつ食べていました。

学生の頃は外食もしましたが、「自分でつくれないものしか外では食べない」が信条でした。ラーメン、餃子、炒飯、牛丼の類は自分自身でつくる。刺身、寿司、天ぷら、焼肉は外食って、なんか日本に観光に来たガイジンみたいですね。

フレンチについての知識なんて、結局社会人になるまで、原始人レベルのままでした。いわゆるイタメシもそうです。麻布の有名店に行って、風吹ジュンの残り香は感じても、バルサミコの風味は店を出た瞬間に忘れてしまいました。店が勘違いしているのか、自分の舌がそもそも間違っているのか、これまで美味しいものを食べてこなかったゆえなのかと、自分を責めたこともありました。繊細な味を理解したり、判別したりという能力は経験に比例してゆくものです。四角いマトリックスチャート上に分布する、上下左右、ときに欄外に飛び出すような店さえも知ってこそ、ストライクゾーンが定まっていくものです。

ワイングラスを傾けながら、じっくり料理を堪能《たんのう》しようと思っても、ただ客から「金を搾《しぼ》り取る料理」にしか見えてこなかったりするのは、実にイケマセン。湯気が立ち込めていなくても、この材料とこの手間でこの程度かい、という料理が運ばれてきた時の失望感。視覚的には工芸品並みのクオリティでも、客に訴えかけてこない料理。

それらに共通しているのは、愛情がこもっていないということに尽きます。他人のためにつくってやったとか、とりあえずこれ食べたらさっさと帰ってくれみたいな、横暴なオーラが、子羊の骨とか合鴨《あいがも》の皮、和牛の脂身などの食べられない部分から多量に放射されているような気がしてならないのです。違っていたらごめんなさい。

美食同源を謳《うた》うある創作中華レストランで、ひとつ感心した出来事があります。

ホール担当に続き、厨房からコックが出てきて挨拶《あいさつ》に来たのです。「アレルギーや、食べられないものはございませんか？　心を込めてつくりますからね、お楽しみください」と満面の笑み。時間にして僅《わず》か十秒ほどの出来事でしたが、一瞬で場がなごみました。料理間のインターバルは若干長めでしたが、それでもずっとわくわくドキドキしながら、最後まで美味しく頂くことが出来ました。**つくる人の顔が見える**というのは、やはり重要なことですね。最初の一言があるかないかで、ずいぶん違うものになったと思います。

ホール担当の、料理の味を引き立てるような、素材についての一言などもあって、なるほど味わい深いものになったと感じたりしたものです。そういった演出も、程度問題であるとは思いますが、味覚に確実に作用するものです。もちろん、杓子《しゃくし》定規な解説やウンチクだったら、ないほうがマシです。

昨今少なくなってきたとはいえ、**慇懃《いんぎん》無礼な接客**で、愛情のかけらも感じられない料理を提供する高級店は、未《いま》だに存在します。そういった店に入ってしまった場合は、**高い受講料**を払って、そういう見本を体験しに来たのだと、自分に言い聞かせ納得するしかありません。反省や戒めの材料となる料理も、お金を払わなければ知ることが出来なかった、と。

自分が食べたい餃子だけしかつくらない。自分が食べたい餃子だけしか人に出さない。

自分が食べたくない餃子は人につくらない。

私が美味しいと感じる餃子が、他人にとっても美味しい餃子かどうかを検証する場所が蔓餃苑です。既に、その目的は達成されたと思っています。私は、自分が食べたい餃子しかつくっていません。食材を仕入れる時、野菜を洗っている時、肉を刻んでいる時、混ぜあわせている時、包んでいる時、焼いている時、運んでいる時、そのすべての行為が楽しいのは、自分が食べたい餃子をつくっているからなんです。

ふるまう人の嬉《うれ》しそうな顔を思い浮かべながら。

肉々しい餃子は、意外と包みにくいものです。憎しみを込めて、ではなく愛を包み込むように、やさしく丁寧に。

愛が一滴たりともこぼれ落ちないよう、慎重に包むので餃子います。

文庫版特別対談　しりあがり寿×パラダイス山元

パラダイス山元（以下、パラ）　このたびは紫綬褒章《しじゅほうしょう》の受章、誠におめでとうございます。

しりあがり寿（以下、しり）　ありがとうございます。

パラ　話の流れでは紫綬褒章受章記念対談ということになると思いますが、よろしくお願い申し揚げ餃子います。

しり　いや、それは、ちょっと……（笑）。

パラ　しりあがりさんは静岡のご出身ですよね。餃子って、よく食べられていましたか？

しり　餃子はそんな食べていなかったです。もともと好き嫌いが多くて。ニラがだめだったんですよ。今は、もう大丈夫ですが。

パラ　しりあがりさん、うち（蔓餃苑）に来て、ニラの入った餃子残されたことないじゃないですか！

しり　だって、おいしいんだもん（笑）。

パラ　他に、なにがダメなんですか？

しり　ニラとみょうがまでは食べられるようになったんですが、ネギ、タマネギは今でもダメですね。

パラ　そういえば、福島の「クダラナ庄助祭り」の宴会で、目の前の料理のネギを、お箸で丁寧に抜いてらっしゃいましたね。まったく、子どもじゃあるまいし（笑）。

しり　今どき五十六のオヤジが、立ち食い蕎麦《そば》でネギ抜いて下さいって言うの恥ずかしいんですが（笑）。でも、餃子はおいしいですよね。

パラ　どこの餃子のことですか？

しり　蔓餃苑の餃子……（笑）。パラダイスさんは、いつから餃子をつくっているんですか？

パラ　子どもの頃から、ずーっとつくり続けています。浪人で東京に独り住まいのときも、一人で餃子つくって食べていました。芸大の入試で餃子の実技試験があったら、トップで合格できたかもしれません（笑）。

しり　パラダイスさん、美大の予備校、どばた（すいどーばた美術学院）でしたよね。私もどばたですが、しかしそれってすごいことですよね、私は蕎麦屋とかで適当に済ましていましたよ。

パラ　最近、伊豆大島へ餃子ツアーっていうのをやりました。一泊二日で、伊豆大島の明日葉《あしたば》とか、椿油《つばきあぶら》を使って、ひたすら餃子を参加者みんなで包みまくって、朝まで食べ続けるという。次回、しりあがりさんもどうですか？　竹芝桟橋からジェットフォイルに乗って、大島まで一時間四十五分です。伊豆大島が餃子アイランドになりそうな気配です。

メッチャご飯を汚す党

しり　パラダイスさんと初めて一緒に餃子食べたのは、京都の餃子の王将でしたね。

パラ　ＯＢＡＮＤＯＳ（二人の所属するバンド）のライブの打ち上げで、安齋肇さんとかみんなで、深夜に傾《なだ》れ込んで、生ビール十杯、餃子三十人前とか。全部「よく焼き」で‼　って（笑）。
しり　あんまり餃子の王将とかに入ったことなかったので、楽しかったです。あそこの餃子はおいしいんですかね？
パラ　えっ、いや、あの……ニュートラルじゃないですか。自分でつくる餃子がおいしく感じすぎてくると、餃子の王将へ行って、いったん舌をリセットして帰ってきます（笑）。いや、好きですよ、餃子の王将の餃子。最近は「よく焼き」以外にも両面焼きができる店も出てきました。ところで、しりあがりさんは、餃子には、ご飯派ですか？　ビール派ですか？
しり　どっちもですね。白いご飯を餃子のタレや肉汁で汚しながら食べるのっていいですよね。
パラ　私も、メッチャご飯汚す党です。
しり　静岡の実家に帰って、たまに家の餃子を食べるといいですよね。好き嫌いをわかってくれているので、中身の餡がほとんど肉だけの餃子なんです。

パラ　それって、メンチカツか、ミートローフのようなものですか？（笑）
しり　シンプルなんですよ、とにかく肉だけで、小振りで、おいしいんです。今度、静岡へ来たら、ごちそうしますよ。
パラ　しりあがり餃子、全国フランチャイズ展開、小指大ひとくちサイズ、肉ぎっしり。流行りそうですね。
しり　そういえば、パラダイスさんところの餃子って、いろんなものいっぱい入っていますよね、選りすぐりの材料で。
パラ　選りすぐりとかではないのですが、まぁ、いろいろ考えてあれこれ入れていますね。

餃子の教訓

しり　餃子作りから学んだ教訓があるんです。肉いっぱい食べたいから、皮に肉をいっぱい詰め込むじゃないですか。そうすると皮がハジケてしまう。人は欲をかきすぎてはいけない。どうせ人間なんて、このくらいの餃子の皮一枚みたいなもんなんだと。身の丈を知れよと。

パラ　ははーーーっ、仰《おお》せのとおりで餃子います。
しり　餃子は詰めすぎるなよと。人もいっしょです。
パラ　餃子は、技術とデザインだと思っています。
しり　美的センスのない人がつくる料理って、おいしくなさそうですからね。
パラ　私はハジケそうな餃子の皮に、無理やり空気を抜きながらパンパンに詰め込んでいるから、身体的のみならずアタマも心も破綻《はたん》寸前ということなんですかね。
しり　いやいや（笑）。餃子のカタチには必然性がありますからね、ヒダの数も大きさも、並び方にも。
パラ　料理って、単に盛りつけだけではなく、すべてにおいてデザインだと断言します。逆に言うと、調理専門学校出身の方がとても美しい料理をつくっていることに驚いてしまったり。美大と調理の教育の融合があってもいいと思います。
しり　餃子とは関係ないんですが、鉄火巻き、太巻きとか、すごく美しいですよね。デザインされていると思います。
パラ　サンタクロースの聖地として昨年（二〇一三年）、世界サンタクロース会議を開催した熊本県の天草市は、食材の宝庫でもあったりします。いつのまにか、正式に観光大使とかに任命されてしまっているんですが、そういう天草のような東京からうんと離れた場所に、公立の食と芸術が融合した大学とかできたら、人気が出るんだろうな。授業もすべて英語でやったりすると、外国からもたくさん優秀な留学生が集まって、人口の流出にも歯止めがかかるのになと、妄想しています。

しり　盛りつけだけだとちょっと物足りないですよね。餃子なんて、粉で肉包んでいるんだから、もっと自由になれるのにと思います。

シャキシャキ嫌い

パラ　餃子をデザインの観点から見ると、皮の透け具合とかモードですね。

しり　そういえば、ワンタンと水餃子の境い目はどこらへんですかね?

パラ　皮の形状、ワンタンは四角、水餃子は丸、そして厚みと、あと圧倒的に具の量が水餃子の方が多いです。

しり　焼き餃子、水餃子、揚げ餃子ですかね、私の好きな順番は。

パラ　揚げ餃子がいけないのはどこらへんですか?

しり　揚げ餃子って皮が揚げてあって固いじゃないですか。抵抗が強いじゃないかいですか。中の肉を食べたいのに餃子側から喰うなって言われているようで（笑）。

パラ　そんなに固いですかね（笑）。

しり　そういえば同じ理由で、メキシコ料理もダメなんですよ。トルティーヤとか、固いとうもろこしの皮とか、なんか撒《ま》き菱《びし》をまかれているようで……。

パラ　マキビシ？

しり　そう、あの忍者が撒く尖《とが》ったヤツ。

パラ　トルティーヤ出されて、撒き菱出されたと思うのって、しりあがりさんだけだと思いますよ（笑）。他にも、そういう嫌いなものってありますか？

しり　サラダが嫌いです。サラダもトルティーヤも揚げ餃子も、人を拒んでいる。タマネギなんかも、生きているのはダメなんです、シャキシャキしていちゃ。くたっと、死んでなきゃ。

パラ　シャキシャキがダメですか。人間的にもシャキシャキしている人とお付き合いするのは苦手なんですか？

しり　そうですね。お互いくたっとしている人の方が、疲れなくていいですね（笑）。

パラ　なんかシャキシャキ主張している人っていますね。

しり　そういう人とは一悶着《ひともんちゃく》ありそうな（笑）。白菜とかキャベツとかだと、芯がくたくたになっていないとダメですから。

パラ　歯はいい方ですか？

しり　まだ、自分の歯で大丈夫ですがね。世の中の食べもの、すべてプリンだったらいいのにと思います。

パラ　だから、ＯＢＡＮＤＯＳのしりあがりさんの楽器はプリンのカタチなんですね。ポリバケツ逆さにして黄色に塗ってドラム代わりにして叩きまくっていますものね。

しり　これまで一番気に入っている餃子って、多摩美在学中の頃、八王子の九州ラーメンの店でメニューにあったロイヤルゼリー入りジャンボ餃子なんです。

パラ　えぇっ、それ今、生涯ではじめて聞きました。ロイヤルゼリー入り餃子って。

しり　大きくて、ちょっと甘みがあって、おいしかったなぁ。

パラ　学生の時に味覚って鍛錬されるものですよね。親がつくったものではない、自分でお金払って自己責任で食べるものですから。

餃子のルーツ

しり　中国の餃子ってどうなんですかね？
パラ　中国でも韓国でも、ちょっとなにかが流行ったり、日本でおいしいものがブームになると、それはなんでも自分たちが考えたものだと主張しまくるじゃないですか。ただ中国へ行ってみると、焼き餃子のことは日式餃子とメニューに表示されているんです。
しり　つまり日本式ということ？
パラ　そうです。唯一、焼き餃子だけは自分たちが考えたものではなく日本のものと認めたわけです。
しり　餃子のルーツというと、中国ってよく聞きますが、水餃子や蒸し餃子ということなんですかね？
パラ　ロシア連邦のブリヤート共和国って、ご存知ですか？
しり　えっ、知りません。なんだかブリザードが吹いていて、すんごく寒そうなイメージですが（笑）。

パラ　二月に行ったのですが、マイナス三十五℃でした。公認サンタクロースとして正式な招待を受けて、ウランウデ市というところを訪れたとき、「ブーザ」という蒸したり焼いたりしたものを頂いたのですが、なんとそれは豚肉とタマネギの具の、餃子そのものだったのですよ。

しり　餃子とブーザって、響きが近いですね。

パラ　そうなんです。実はこのバイカル湖の西側一帯のシベリア地方は、第二次大戦後、日本人が何十万人も抑留されていて、そこから引き揚げてきた方々が、ブーザをアレンジして餃子として日本に持ち込んだようなのです。

しり　満州よりもっと先だったんですね。

パラ　ウランウデ市の地元スーパーへ行くと、冷凍食品売場にはさまざまな餃子が並んでいました。一番高価だったのは、日本製味の素のギョーザでした。完全なる高級品扱い。

しり　えー、それびっくりだなぁ。しかし、サンタさんで行ったのに、餃子のルーツを探ることになるとは。

パラ　帰国する際、モスクワのドモジェドボ空港には、ブーザとはまた違った、餃子っぽいものにサワークリームかけて食べる「ペリメニ」というもののファストフードレストランが何軒もありましたし。

しり　それが、だんだん南に下がって行って、「モモ」とか「サモサ」になっていくのですかね？

パラ　中央アジアのキルギス共和国へ、これまたサンタクロースの集会で行った際、大統領の側近が経営しているレストランに案内されると、出てくるものすべてが餃子のようなものばかり。いや、もろ餃子専門店でした（笑）。とにかく、餃子のルーツは中国というのは眉唾《まゆつば》ですね。

＊

しり　そういえば餃子って、一人で食べる時は感じないんですが、複数で食べると、相手が何個食べたか気になるんですよね。あっ、僕もう三個も食べちゃってるけど、失礼じゃないかなって。

パラ　鍋とか、よくわかんないですからね。あっ、でも、あの人、蟹《かに》、先に食べちやってる、ズルイとか（笑）。

しり　大皿でも、必ず最後に一個残っていたりしますよね。遠慮のカタマリみたいな。

パラ　蔓餃苑でも、人数で割り切れる数で出すのに、必ず残ります。

しり　ならば、あえて素数で出す。

パラ　割り切れるのは、逆にいけないと（笑）。

しり　緊張感が保たれません。

パラ　餃子は素数で出す！　餃子名言、頂きました!!

（二〇一四年六月収録）

文庫版あとがき

自分の食べたい餃子だけを、自分のためだけに焼く。他人の顔色を窺《うかが》いながら、他人に食べさせるための餃子は焼かない。この鉄則を地道に実践してきて、会員制高級紳士餃子「蔓餃苑」はオープンから十三年経過しました。しかし、年がら年中平常休業、一年以上の間、一度も開かなかったのが、過去に二回というていたらく。いろいろ事情があってのことですが、パラダイス山元というカラダが、パーマンのようにあともう一体、いや、あと三体くらいあると、あれこれ便利で好都合なんだけどな、と思ってしまいます。

材料の肉や、野菜を刻む音、餡を混ぜ合わせる触感、包むスピード、熱湯を注いだ瞬間のジュワーッと出てくる蒸気、口に放り込んだ瞬間ほとばしる肉汁、それらすべてが餃子の魅力です。餃子レシピ本の出版、奥さま向けの情報番組の取材、パリ、伊豆大島、天草で、餃子のワークショップを開いたりと、餃子の王様の餃子人生は順風マンボでした。

スポーツ音痴の私は、正直、東京オリンピックにあまり関心がありませんが、訪日する外国人には、おいしい餃子を食べて帰ってもらいたいですね。ついでに餃子のつくり方も伝授してあげて、日本の餃子、蔓餃苑の餃子が伝播《でんぱ》していく気がしてなりません。東京オリンピックは、もしかして、私のために開催されるんじゃないかと思います。

「キャ・ベ・ツ・な・し」の肉がぎっしり詰まった餃子で極上の「お・も・て・な・し」をしてあげたいと思います。

蔓餃苑　苑主　パラダイス山元

生きていたら五十二歳。
私と同い歳、同じカタカナ苗字、同じ北国育ち、ほぼ同じ体型。
「来週、蔓餃苑行くね。餃子喰いてー！」が最後の電話でした。
最近のテレビの劣化ぶりをおおいに語って頂きながら、
餃子をハフハフ食べてもらいたかったです。
『読む餃子』文庫版を――
消しゴム版画家、餃子会員だった、故・ナンシー関さんに捧げます。

パラダイス山元

プロデュース・編集　石黒謙吾
本文イラストレーション　nakaban

この作品は二〇一一年十二月アスペクトより刊行された。
文庫化に伴い、改訂を行った。

安部司著

なにを食べたらいいの？

スーパーやお店では、どんな基準で食べ物を選べばいいのですか。『食品の裏側』の著者があなたに、わかりやすく、丁寧に教えます。

池波正太郎著

散歩のとき何か食べたくなって

映画の試写を観終えて銀座の〔資生堂〕に寄り、はじめて洋食を口にした四十年前を憶い出す。今、失われつつある店の味を克明に書留める。

池波正太郎著

江戸の味を食べたくなって

春の浅蜊、秋の松茸、冬の牡蠣……季節折々の食の喜びを綴る「味の歳時記」ほか、江戸の粋を愛した著者の、食と旅をめぐる随筆集。

佐藤隆介
近藤文夫著
茂出木雅章

池波正太郎の食卓

あの人は、「食通」とも「グルメ」とも違う。本物の「食道楽」だった。正太郎先生の愛した味を、ゆかりの人々が筆と包丁で完全再現。

太田和彦著

自選 ニッポン居酒屋放浪記

古き良き居酒屋を求めて東へ西へ。「居酒屋探訪記」の先駆けとなった紀行集から、著者自身のセレクトによる16篇を収録した決定版。

太田和彦著

居酒屋百名山

北海道から沖縄まで、日本全国の居酒屋を訪ねて選りすぐったベスト１００。居酒屋探求20余年の集大成となる百名店の百物語。

開高健
吉行淳之介著

対談 美酒について
―人はなぜ酒を語るか―

酒を論ずればバッカスも顔色なしという二人が酒の入り口から出口までを縦横に語りつくした長編対談。芳醇な香り溢れる極上の一巻。

川又一英著

ヒゲのウヰスキー誕生す

いつの日か、この日本で本物のウイスキーを造る――。〝日本のウイスキーの父〟竹鶴政孝と妻リタの夢と絆を描く。増補新装版。

角田光代著

今日もごちそうさまでした

苦手だった野菜が、きのこが、青魚が……こんなに美味しい！ 読むほどに、次のごはんが待ち遠しくなる絶品食べものエッセイ。

川津幸子著

100文字レシピ

簡単料理へのこだわりから生まれた、たった100文字のレシピ集。和洋中にデザートも網羅。ラクにできて美味いという本格料理の決定版。

北大路公子著

枕もとに靴
―ああ無情の泥酔日記―

運命の男を逃す。夜中にラーメン食べる。朝起きたら自室に靴。それもこれも酒が悪いのか。日本女子の熱き支持を集める爆笑エッセイ。

久住昌之著

食い意地クン

カレーライスに野蛮人と化し、一杯のラーメンに完結したドラマを感じる。『孤独のグルメ』原作者が描く半径50メートルのグルメ。

小泉武夫著
不味い！
この怒りをどうしてくれる。食の冒険家コイズミ教授が、その悲劇的体験から「不味さ」の源を解き明かす。涙と笑いと学識の一冊。

小泉武夫著
絶倫食
皇帝の強精剤やトカゲの姿漬け……発酵学の権威・小泉博士が体を張って試した世界の強精食。あっちもこっちも、そっちも元気に！

椎名誠著
わしらは怪しい雑魚《ざこ》釣り隊
あの伝説のおバカたちがキャンプと釣りと宴会に再集結。シーナ隊長もドレイもノリノリの大騒ぎ。〈怪しい探検隊〉復活第一弾。

杉浦日向子著
ごくらくちんみ
とっておきのちんみと酒を入り口に、女と男の機微を描いた超短編集。江戸の達人が現代人に贈る、粋な物語。全編自筆イラスト付き。

杉浦日向子著
杉浦日向子の食・道・楽
テレビの歴史解説でもおなじみ、稀代の絵師にして時代考証家、現代に生きた風流人・杉浦日向子の心意気あふれる最後のエッセイ集。

千松信也著
ぼくは猟師になった
山をまわり、シカ、イノシシの気配を探る。ワナにかける。捌いて、食う。33歳のワナ猟師が京都の山から見つめた生と自然の記録。

有川　浩著
三匹のおっさん
剣道の達人キヨ、武闘派の柔道家シゲ、危ない頭脳派ノリ。還暦三人組が、ご町内の悪を成敗する！　痛快活劇小説シリーズ第一作。

伊坂幸太郎著
オー！ファーザー
一人息子に四人の父親!?　軽快な会話、悪魔的な箴言、鮮やかな伏線。伊坂ワールド第一期を締め括る、面白さ四〇〇%の長篇小説。

石田衣良著
明日のマーチ
山形から東京へ。４人で始まった徒歩の行進は、ネットを通じて拡散し、やがて……。等身大の若者達を描いた傑作ロードノベル。

小川洋子著
博士の愛した数式
本屋大賞・読売文学賞受賞

80分しか記憶が続かない数学者と、家政婦とその息子――第１回本屋大賞に輝く、あまりに切なく暖かい奇跡の物語。待望の文庫化！

恩田　陸著
夜のピクニック
吉川英治文学新人賞・本屋大賞受賞

小さな賭けを胸に秘め、貴子は高校生活最後のイベント歩行祭にのぞむ。誰にも言えない秘密を清算するために。永遠普遍の青春小説。

荻原　浩著
オイアウエ漂流記
飛行機事故で無人島に流された10人。共通するは「生きたい！」という気持ちだけ。爆笑と感涙を約束する、サバイバル小説の大傑作！

窪 美澄著

ふがいない僕は空を見た

山本周五郎賞受賞・R-18文学賞大賞受賞

秘密のセックスに耽る主婦と高校生。暴かれた二人の関係は周囲の人々を揺さぶり――。生きることの痛みを丸ごと包み込む傑作小説。

小池真理子著

望みは何と訊かれたら

殺意と愛情がせめぎあう極限状況で生れた男女の根源的な関係。学生運動の時代を背景に愛と性の深淵に迫る、著者最高の恋愛小説。

今野敏著

隠蔽捜査

吉川英治文学新人賞受賞

東大卒、警視長、竜崎伸也。ただのキャリアではない。彼は信じる正義のため、警察組織という迷宮に挑む。ミステリ史に輝く長篇。

近藤史恵著

サクリファイス

大藪春彦賞受賞

自転車ロードレースチームに所属する、白石誓。欧州遠征中、彼の目の前で悲劇は起きた！ 青春小説×サスペンス、奇跡の二重奏。

越谷オサム著

陽だまりの彼女

彼女がついた、一世一代の嘘。その意味を知ったとき、恋は前代未聞のハッピーエンドへ走り始める――必死で愛しい13年間の恋物語。

佐々木譲著

警官の血（上・下）

初代・清二の断ち切られた志。二代・民雄を蝕み続けた任務。そして、三代・和也が拓く新たな道。ミステリ史に輝く、大河警察小説。

佐藤賢一著
女信長
覇王・信長は女であることを隠し、乱世を駆け抜けた。猛将・知将との秘められた恋。そして本能寺の真相。驚天動地の新・戦国絵巻。

佐伯泰英著
血に非ず
新・古着屋総兵衛 第一巻
享和二年、九代目総兵衛は死の床にあった。後継問題に難渋する大黒屋を一人の若者が訪ね来た。満を持して放つ新シリーズ第一巻。

里見蘭著
さよなら、ベイビー
謎の赤ん坊を連れてきた父親が突然死。ひきこもり青年と赤ん坊の二人暮らしを待ち受ける「真相」とは。急転直下青春ミステリー！

桜木紫乃著
硝子の葦
夫が自動車事故で意識不明の重体。看病する妻の日常に亀裂が入り、闇が流れ出した――。驚愕の結末、深い余韻。傑作長編ミステリー。

志水辰夫著
行きずりの街
失踪した教え子を捜しに、苦い思い出の街・東京へ足を踏み入れた塾講師。十数年分の過去を清算すべく、孤独な闘いを挑むが……。

白川道著
終着駅
〈死神〉と恐れられたアウトロー、視力を失いながら健気に生きる娘。命を賭けた恋が始まる。『天国への階段』を越えた純愛巨編！

重松清著

青い鳥

非常勤の村内先生はうまく話せない。でも先生には、授業よりも大事な仕事がある――孤独な心に寄り添い、小さな希望をくれる物語。

高村薫著

レディ・ジョーカー（上・中・下）

毎日出版文化賞受賞

巨大ビール会社を標的とした空前絶後の犯罪計画。合田雄一郎警部補の眼前に広がる、深い霧。伝説の長篇、改訂を経て文庫化！

津原泰水著

ブラバン

一九八〇。吹奏楽部に入った僕は、音楽の喜び、忘れえぬ男女と出会った。二十五年後、再結成話が持ち上がって。胸を熱くする青春組曲。

辻村深月著

ツナグ

吉川英治文学新人賞受賞

一度だけ、逝った人との再会を叶えてくれるとしたら、何を伝えますか――死者と生者の邂逅がもたらす奇跡。感動の連作長編小説。

手嶋龍一著

スギハラ・サバイバル

英国情報部員スティーブン・ブラッドレーは、国際金融市場に起きている巨大な異変に気づく――。全ての鍵は外交官・杉原千畝にあり。

天童荒太著

幻世《まぼろよ》の祈《いの》り

家族狩り　第一部

高校教師・巣藤浚介、馬見原光毅警部補、児童心理に携わる氷崎游子。三つの生が交錯したとき、哀しき惨劇に続く階段が姿を現わす。

梨木香歩著
家守綺譚
百年少し前、亡き友の古い家に住む作家の日常にこぼれ出る豊穣な気配……天地の精や植物と作家をめぐる、不思議に懐かしい29章。

西加奈子著
白いしるし
好きすぎて、怖いくらいの恋に落ちた。でも彼は私だけのものにはならなくて……ひりつく記憶を引きずり出す、超全身恋愛小説。

西村賢太著
苦役列車
芥川賞受賞
やり場ない劣等感と怒りを抱えたどん底の人生に、出口はあるか？ 伝統的私小説の逆襲を遂げた芥川賞受賞作。解説・石原慎太郎

貫井徳郎著
灰色の虹
冤罪で人生の全てを失った男は、復讐を誓った。次々と殺される刑事、検事、弁護士……。復讐は許されざる罪か。長編ミステリー。

平野啓一郎著
決壊
(上・下)
芸術選奨文部科学大臣新人賞受賞
全国で犯行声明付きのバラバラ遺体が発見された。犯人は「悪魔」。'00年代日本の悪と赦しを問うデビュー十年、著者渾身の衝撃作！

福田和代著
タワーリング
超高層ビルジャック発生！ 外部と遮断されたビルで息詰まる攻防戦が始まる。クライシス・ノヴェルの旗手が放つ傑作サスペンス。

舞城王太郎著　阿修羅ガール
三島由紀夫賞受賞

アイコが恋に悩む間に世界は大混乱！同級生は誘拐され、街でアルマゲドンが勃発。アイコはそして魔界へ!?今世紀最速の恋愛小説。

松岡圭祐著　ミッキーマウスの憂鬱

秘密のベールに包まれた巨大テーマパーク。その〈裏舞台〉で働く新人バイトの三日間を描く、史上初ディズニーランド青春成長小説。

宮部みゆき著　ソロモンの偽証
―第Ⅰ部　事件―
（上・下）

クリスマス未明に転落死したひとりの中学生。彼の死は、自殺か、殺人か――。作家生活25年の集大成、現代ミステリーの最高峰。

三浦しをん著　風が強く吹いている

目指せ、箱根駅伝。風を感じながら、たすき繋いで、走り抜け！「速く」ではなく「強く」――純度100パーセントの疾走青春小説。

道尾秀介著　龍神の雨

血のつながらない父を憎む蓮。実母を殺したのは自分だと秘かに苦しむ圭介。降りやまぬ雨、ひとつの死が幾重にも波紋を広げてゆく。

森見登美彦著　四畳半王国見聞録

その大学生は、まだ見ぬ恋人の実在を数式で証明しようと日夜苦闘していた。四畳半から生まれた7つの妄想が京都を塗り替えてゆく。

読《よ》む餃《ぎょう》子《ざ》

新潮文庫　は-64-1

平成二十七年一月一日発行

著者　パラダイス山《やま》元《もと》

発行者　佐藤隆信

発行所　株式会社 新潮社

郵便番号　一六二―八七一一
東京都新宿区矢来町七一
電話　編集部(〇三)三二六六―五四四〇
　　　読者係(〇三)三二六六―五一一一
http://www.shinchosha.co.jp

価格はカバーに表示してあります。

乱丁・落丁本は、ご面倒ですが小社読者係宛ご送付ください。送料小社負担にてお取替えいたします。

印刷・錦明印刷株式会社　製本・錦明印刷株式会社

ISBN978-4-10-125391-6 C0195